Johannes Steinbach OSA

An den Kreuzungen des Lebens

Johannes Steinbach OSA

An den Kreuzungen des Lebens

Gottesdienste und Anregungen für die Fasten- und Osterzeit

HERDER

FREIBURG · BASEL · WIEN

www.herder.de

Umschlaggestaltung: Finken & Bumiller
Titelbild: Karl-Heinz Schlierbach, Gladenbach

Herstellung:
fgb · freiburger graphische betriebe
www.fgb.de

Gedruckt auf umweltfreundlichem,
chlorfrei gebleichtem Papier
ISBN 3-451-28366-2

INHALT

VORWORT

Menschen haben sich zu allen Zeiten ein »Leben in Fülle«, ein erfülltes Leben gewünscht.
Besonders an den Kreuzungen des Lebens, dort, wo wirklich Lebensentscheidendes passiert, fragen wir uns, wie unser Leben bisher war, wo und ob wir mit ihm zufrieden waren und wie es wohl weitergehen mag.
Jesus ist hier Realist. Ein »erfülltes Leben« ist eine Verheißung, aber kein Zustand hier auf Erden. Ein »erfülltes Leben« ist gleichsam der Hunger, der Durst nach mehr.
Als Seelsorgerinnen und Seelsorger können wir uns ein Beispiel nehmen an einem Menschen, den Dorothee Sölle als glücklichsten aller Menschen bezeichnet hat, weil er ein »erfülltes Leben« lebte, indem er den Willen seines Vaters erfüllte und weil er fühlte, was die Menschen brauchten und ersehnten.
Er wusste und hat es in seinem eigenen Leben erfahren, dass das erfüllte Leben nicht nur ein ständiges Glücksgefühl ist, sondern auch seine Schattenseiten beinhaltet: Scheitern, Misserfolge, Niederlagen und einen »Karfreitag«. Auch das wird jeder Mensch in seinem Leben, jede Seelsorgerin und jeder Seelsorger im Beruf erfahren: manche Frustration, manche Enttäuschung und manche Niederlage an den Kreuzungen unseres Lebens müssen erfahren und getragen werden. Aber genauso werden sie hoffentlich beglückende Momente in ihrem Leben und ihrer Arbeit erleben, Momente, die sie festhalten möchten wie die Jünger bei der Verklärung Jesu. Diese Momente kön-

nen uns aber die Gewissheit vermitteln: Das Leben hat einen Sinn, meine Aufgabe hat einen Wert, ich kann innerlich zufrieden sein, ich lebe ein erfülltes Leben. Und diese Momente können dann auch manch lange Durststrecke auf dem Weg nach Jerusalem tragen, können uns das Gefühl geben, nicht allein und verlassen zu sein, manches »Kreuz« mittragen und manchen Frust aushalten helfen, manche Träne trocknen lassen. Diese Momente tragen in sich die Hoffnung, dass nach jedem »Karfreitag« auch ein Ostermorgen anbricht, dass nach manchem »Sterben« auch eine »Auferstehung« erfolgt. So war es bei Jesus, so ist es und wird es auch einst bei uns sein. Das ist der Inhalt christlicher Verheißung.
Ich wünsche Ihnen und allen, denen Sie die Botschaft Jesu verkünden, dass Sie an den Kreuzungen des Lebens Kraft aus Jesu Leben, Sterben und Auferstehen finden können,
Ich wünsche Ihnen ein »erfülltes Leben« in ihrem Alltag, in ihrem Beruf.
Ich wünsche Ihnen diese Sehnsucht nach dem »Leben in Fülle«.
Ich wünsche Ihnen nach jedem »Karfreitag« auch ein »Fest der Auferstehung«.

Die Texte, Lieder und Predigtgedanken dieses Buches sollen Anregung und Hilfe sein für die Gottesdienstgestaltung in der liturgischen Zeit zwischen Aschermittwoch und Pfingsten – und auch in mancher Lebenssituation.

Ich danke allen, die mit mir in verschiedenen Teams diese Gottesdienste vorbereitet und gestaltet haben, die die Ausgabe dieses Buches ermöglicht und kritisch begleitet haben.

P. Johannes Steinbach OSA

HEUTE GOTTESDIENST FEIERN

Seelsorge heißt Sorge um die Seele, heißt, sich darum sorgen, was der Mensch braucht. Damit Seelsorge aber auch weiß, was dieser braucht, muss sie die Seele des Menschen von heute kennen, muss sie wissen, wer er ist, wo er lebt, wie er lebt und was er erlebt in seiner Arbeit, in seiner Freizeit, als Einzelner oder in der Gemeinschaft. Sie muss wissen, was er glaubt, was er fühlt und was er ersehnt. Sie muss sich bewusst sein, dass sie es nicht von sich aus weiß, sondern nur in der ständigen Kommunikation mit dem Menschen heute erfahren kann. Und Seelsorge hat diese Bedürfnisse, Wünsche und Sehnsüchte des Menschen ernst zu nehmen.

Da nun Seelsorge sich bemühen muss, den Menschen heute verstehen zu lernen, muss sie auch auf die Gegebenheiten des heutigen Menschen eingehen: Der Mensch heute hat eine differenzierte Lebensgeschichte und damit auch eine differenzierte Glaubensgeschichte. Der Mensch heute und besonders der Mensch in der Stadt sucht sich »seine« Gemeinde.

Das Territorialprinzip spielt nicht mehr die entscheidende Rolle wie früher. Der heutige Mensch sucht sich seine Gemeinde so aus, wie sie seinem »Geschmack«, seiner »Neigung« und auch seinem »Milieu« entspricht. So muss sich die einzelne Gemeinde und jegliche Seelsorge bewusst sein, dass sie nicht allen alles bieten kann. Wenn sie sich dessen bewusst ist und bleibt und das ihr Mögliche trotzdem gut tut, bleiben Seelsorge und christliche Gemeinde »glaubwürdig« und auch »attraktiv«.

Selbst dann, wenn der Mensch in seiner Territorialgemeinde bleibt, müssen sich die Seelsorgerinnen und Seelsorger bewusst sein, dass die Gemeinde vor allem durch verschiedene Gruppen und Gruppierungen gebildet wird. Sie wird heute weniger durch Beruf, Ortsansässigkeit oder Lebensstandard geprägt, sondern durch ein bestimmtes soziales Milieu (siehe im Anhang die Aufstellung »Gottesdienst feiern im Kontext der Moderne« von Wolfgang Fischer, der dieses Schema nach Gerhard Schulzes Kulturstudie »Die Erlebnisgesellschaft« (Frankfurt a.M. 1992) ausgearbeitet hat).
Manche Soziologen sprechen gar nicht mehr vom »Milieu«, sondern nur von einer »Szene«, um die Schnelllebigkeit des heutigen Menschen zu beschreiben. Vielleicht wundert oder stört es Sie gar, dass das »Heute« so oft genannt und hervorgehoben wird. Aber auch Jesus hat das getan. In der Zachäusgeschichte etwa heißt es: »Heute ist diesem Haus Heil widerfahren«, oder bei der Geburt Jesu: »Heute ist euch in der Stadt Davids der Heiland geboren, welcher ist Christus, der Herr«. Und in der Liturgie des Gründonnerstags feiern wir das Geheimnis Gottes und ergänzen »... und das ist heute«. »Heute« heißt: Das ist jetzt der Augenblick, in dem sich aktualisiert, was uns verheißen ist. Und deshalb hat auch die Seelsorge dieses »Heute« zu beachten und dem heutigen Menschen in sein konkretes Leben hinein diese Botschaft zu vermitteln, indem sie sein Lebensgefühl wahr und ernst nimmt. Wenn nun christliche Gemeinde so vielschichtig und vielfältig ist, wenn verschiedene Milieus auch eine differenzierte Lebens- und Glaubensgeschichte mit sich bringen, auf die die Seelsorge eingehen muss, dann hat die Liturgie dies auch vor Gott zu bringen und in den Blickpunkt der Gottesdienstgemeinde zu rücken. Will Liturgie dem Menschen vermitteln, dass Gott ein Gott der Menschen ist, und will sie den Menschen heute in seiner christlichen Lebensgestaltung unterstützen, dann müssen die Liturginnen und Li-

turgen zunächst die Lebensräume der Gemeindemitglieder kennen. Sie müssen ein ehrliches Interesse haben, nun in Wort und Feier den Menschen Gott nahe zu bringen.
Unsere Kirche verfügt über eine Vielzahl von Ritualen, ihr ist in den sieben Sakramenten für verschiedene Lebensabschnitte eine große Möglichkeit geschenkt, den Menschen heute die christliche Botschaft zu vermitteln. Sie hat eine Fülle von Gottesdienstformen, die es gilt, umzusetzen und ins »Heute« zu übertragen. Aber leider hat sich seit dem Zweiten Vatikanum eine Fehlentwicklung gezeigt, die es gilt, unbedingt zu sehen und abzustellen. Schon die Gemeinsame Synode der Bistümer in der Bundesrepublik Deutschland weist darauf hin: »Wenn ... ausschließlich Eucharistie gefeiert wird, verarmt das gottesdienstliche Leben der Gemeinde. Deshalb sollten auch andere Formen von Gottesdiensten (Vespern, Andachten, Meditations- und Predigtgottesdienste) gepflegt, gegebenenfalls wieder aufgegriffen und erneuert werden« (Beschluss Gottesdienst 2.4.2). All diese anderen Gottesdienstformen aber sollten nicht als Ersatzform angesehen werden, sondern als eigenständig berechtigte Form des Gottesdienstes heute. Die Vielfalt der Gottesdienstformen wirkt einer Verarmung des gottesdienstlichen Lebens in der Gemeinde entgegen und bereichert es. Die Gestaltungsfreiheit ist eine große Chance, Menschen Liturgie und damit Gottesdienst nahe zu bringen. Dabei sollte auch die Möglichkeit gesehen werden, dass hier Männer *und* Frauen als Verantwortliche in der Liturgie auftreten können.
Ich möchte zum Schluss noch betonen, dass neben der Freude über eine größere Gestaltungsfreiheit und der Chance, dass Frauen eine solche Liturgie leiten, die traditionellen Formen von Gottesdienst natürlich auch ihren Platz haben. Und doch darf es kein Alibi sein, nicht zu versuchen, »neuen Wein in alte Schläuche« zu gießen.

ÖSTERLICHE BUSSZEIT

DREH DICH UM!
Wort-Gottes-Feier am Aschermittwoch

Vorbereitung

Im Altarraum steht ein alter morscher Baum.
Die Kirche ist dezent beleuchtet.
Eine Schale mit Asche steht beim Stamm bereit.

Einzug in Stille –
kurzes Niederknien an der untersten Altarstufe

Begrüßung

(Der Priester kehrt der Gemeinde den Rücken zu und spricht den liturgischen Gruß. Nach einer Weile dreht er sich zur Gemeinde hin und begrüßt sie:)

Liebe Schwestern und Brüder im Glauben!
Seien Sie alle herzlich willkommen zu dieser Wort-Gottes-Feier heute am Aschermittwoch. Vielleicht waren Sie etwas irritiert, als ich mich von Ihnen abgewandt und Sie so begrüßt habe. Sie haben sich wohl gefragt: Was macht der denn da? Der soll sich gefälligst umdrehen, wenn er uns ansprechen will. So ähnlich erging es gewiss auch dem Propheten Joël in der 1. Lesung. Im Auftrag Gottes ruft er dem Volk zu:
»Kehrt um zu mir von ganzem Herzen!
Kehrt um zum Herrn, eurem Gott!«

Heute am Aschermittwoch, zu Beginn der Österlichen Bußzeit, wollen wir uns gemeinsam diesem Gott zukehren.
Wir dürfen dies voll Vertrauen tun, denn er ist gnädig, barmherzig, langmütig und reich an Güte.

Lied
O höre, Herr, erhöre mich, 1–7 (GL 167)
(Kantor – Gemeinde im Wechsel)

Vergebungsbitte
Bevor wir uns Gott zugewandt haben, hat er sich uns schon lange zugewendet.
Er ist wirklich gnädig, barmherzig, langmütig und reich an Güte.
Er nimmt von uns alle unsere Schuld und schenkt uns ewige Gemeinschaft mit ihm.

Gebet
Gott, du Freund der Menschen!
Du hast uns zugerufen:
Kehrt um zu mir!
Wir sind hier zusammengekommen,
Kinder, Jugendliche und Erwachsene, Frauen und Männer,
um dein Wort zu hören.
Wir bitten dich:
Sprich zu uns und höre uns,
wenn wir zu dir beten hier und jetzt in dieser Stunde.
Amen.

1. Lesung
Joël 2,12–18

Wechselgesang
Erbarme dich meiner, o Gott (GL 190)

2. Lesung
2 Kor 5,20–6,2

Ruf vor dem Evangelium
(Kantor – Gemeinde)

Evangelium
Mt 6,1–6.10–18

Predigt
Rabbi Jizclak sprach:
Die Lösung des Lebens ist »gib und nimm«.
Jeder Mensch soll ein Spender und Empfänger sein.
Wer nicht beides in einem ist, der ist ein unfruchtbarer Baum.

Martin Buber

Hier im Altarraum steht so ein unfruchtbarer Baum, morsch und kahl. Was soll das? Was soll dieser Baumstumpf hier in unserer Kirche?
Und – was soll dieser Vergleich von Martin Buber? Mit diesen Fragen beginne ich meine Predigt. Mit diesen Fragen stelle ich auch unser aller Leben in Frage: Was ist der Mensch? Die Liturgie des heutigen Aschermittwochs beantwortet dies so: »Denke daran, Mensch, dass du Staub bist!« Das klingt wirklich hart, beinahe brutal. Das hören wir alle nicht gerne, Sie und ich. Diese Antwort passt anscheinend nicht mehr in unser Leben. Unser Lebensgefühl ist ein ganz anderes.

Der Mann aber, der diesen Satz aufschrieb, lebte in einer ähnlich selbstbewussten Phase der Geschichte Israels wie wir heute. Er lebte wahrscheinlich am Hofe des Königs Salomo. Staub sind sie, die da in Prunk und Reichtum leben, vergänglich. Aus Staub gemacht, vom Staub der Erde – von Gott gemacht. Gewiss wurde der Verfasser damals genauso wenig beachtet wie seine Botschaft heute. Gewiss wehrten sich die Menschen damals wie wir uns heute. Und doch: von Gott gemacht, von ihm gewollt, das ist die entscheidende Botschaft, die uns der Apostel Paulus sagen will. »Hört genau hin, wendet euch Gott zu, öffnet eure Herzen!« Vor Gott dürfen wir uns bewusst werden, wer und wie wir sind, woher wir kommen und wohin wir gehen. In seinem Lichte erkennen wir uns selbst, unsere Stärken und Schwächen, unsere Bereitschaft zu geben und zu empfangen, in ihm erhalten wir unseren Wert und unsere Würde. Die Mahnung: »Denke daran, Mensch ...« ist uns gegeben, um die Wirklichkeiten unseres Lebens zu akzeptieren: Begrenzt sind wir, sterblich – aber geliebt und reich beschenkt.

Ich bitte Sie alle, sich diese Mahnung zu Herzen zu nehmen, gleichzeitig aber auch die wunderbare Zusage: »Zur Zeit der Gnade erhöre ich dich, am Tag der Rettung helfe ich dir.« So lade ich Sie alle ein, sich Asche aufs Haupt streuen zu lassen in der Form eines Kreuzes. Denn am Kreuzesstamm hat Gott uns alle in unserer Vergänglichkeit und Sündhaftigkeit angenommen und erlöst. So kann auch im Zeichen des Aschenkreuzes manche falsche Lebenseinstellung und Fehleinschätzung gewandelt werden in lebendige Beziehung zum Gott des Heiles. Dadurch können wir uns auch gegenseitig annehmen und akzeptieren. Denn begrenzt, sterblich, Staub sind wir alle – trotz allem aber geliebt und angenommen. Das könnte dann zu einem Umdenken, zu einer Umkehr führen.

Segnung der Asche und Austeilung des Aschenkreuzes

»Gedenke Mensch, dass du Staub bist und zu Staub
wieder zurückkehrst!«

(Während der Austeilung bewusst Stille, kein Lied, keine Orgel)

Fürbitten

Gott, du Gott der Menschen!
Nachdem wir uns der Tatsache bewusst geworden sind,
dass wir begrenzt und sterblich sind, aber auch geliebt von dir,
wenden wir uns voll Vertrauen an dich und bitten dich:

- Schenke uns die Einsicht, die Wirklichkeiten unseres Menschseins richtig einzuschätzen.
- Mache uns selbstkritisch und befreie uns von Überheblichkeit und falschem Stolz.
- Nimm von uns aber auch den Eindruck, klein und unwichtig zu sein, und gib uns immer wieder die Gewissheit, dass du jeden von uns mit vielen Gaben und Fähigkeiten reich beschenkt hast.
- Ermutige uns immer wieder, unsere Stärken zu bejahen und sie einzusetzen für dich und unsere Mitmenschen.
- Führe uns in dieser Österlichen Bußzeit als deine Kirche zusammen, damit wir unsere Fehler und Schwächen gegenseitig akzeptieren und füreinander da sind.

Denn wir alle sind deine Kinder, Schwestern und Brüder.
Wir alle dürfen zu dir sprechen, wie Jesus uns zu beten lehrte:

Vater unser ...

Segensgebet

Der Gott des Erbarmens segne euch,
die ihr gebildet wurdet aus dem Staub der Erde.
Er schenke euch die Gewissheit,
dass ihr von ihm gemacht, von ihm gewollt und geliebt seid.
Er öffne euch die Augen für die Vergänglichkeit dieser Welt
und öffne eure Herzen,
sie zu lieben und zu achten als seine Schöpfung.
Er sei mit euch alle Tage eures Lebens,
bis ihr ihn schauen dürft in ewiger Freude.
Das gewähre euch der dreieinige Gott:
der Vater, der Sohn und der Heilige Geist.
Amen.

Schlusslied

Hilf, Herr meines Lebens, 1–5 (GL 622)

WÜSTE ALS ORT DER SELBSTERKENNTNIS UND SELBSTFINDUNG

Eucharistiefeier am Ersten Fastensonntag

Einführung

Ein Werbetext der Deutschen Bundesbahn (Mobil. Das Magazin der Deutschen Bundesbahn 2 [1996] 2) lautet:

»Die richtige Frage stellen und die einfachste mögliche Antwort finden, verfestigte Denkgewohnheiten eher misstrauen, als von ihnen beeindruckt zu sein: Das ist unser Prinzip. Mit Routine sind große Aufgaben nicht zu bewältigen. Wer handelt, ohne unvoreingenommen nachgedacht zu haben, wird Schiffbruch erleiden.«

Jetzt und hier haben Sie und ich, wir alle die Möglichkeit

- die richtigen Fragen zu stellen und die einfachste mögliche Antwort zu finden,
- verfestigten Denkgewohnheiten eher zu misstrauen als von ihnen beeindruckt zu werden,
- nicht zu handeln, ohne unvoreingenommen nachgedacht zu haben.

In einer kurzen Stille wollen wir uns diese Möglichkeiten geben, um vor Gott, vor uns und voreinander da- und bestehen zu können.

Kyrie

Herr, erbarme dich ..., Refr. (Troubadour 106)

Vergebungsbitte

Unser Gott ist barmherzig, er erbarmt sich unser, damit wir uns gegenseitig Erbarmen schenken können. Er verzeiht uns, damit wir gegenseitig um Verzeihung bitten und Verzeihung gewähren können.

Er spricht uns frei, damit wir als Erlöste in Freiheit leben können, nicht nur jetzt und hier, sondern seine Verheißung gilt unser ganzes Leben lang und darüber hinaus bis in alle Ewigkeit.

Gebet

Gott, in den vor uns liegenden 40 Tagen der Österlichen Bußzeit lass jeden von uns sein eigentliches Ich entdecken.
Dann werden wir auch in unserem tiefsten Innern erfahren, dass du das große Du unseres Lebens bist, der Grund und Halt unseres Daseins.
Dann werden wir dich finden als den Urquell, aus dem unser Ich gespeist und getränkt wird, der du lebst und wirkst in alle Ewigkeit. Amen.

Lesung

Dtn 26,4–10

Evangelium

Lk 4,1–13

Predigt

In seinem Buch »Die schöpferische Einsamkeit« (Wien–Darmstadt 1990, 40–57) weist der Psychiater Anthony Storr darauf hin, dass Einsamkeit und die Fähigkeit zum Alleinsein für das Leben eines Menschen genauso wichtig sind wie sinnvolle menschliche Beziehungen. Denn nur im Alleinsein kann es zu einer Sammlung des eigenständigen Denkens und zum inneren Bezug des persönlichen Fühlens kommen, ohne die die menschliche Reife nicht möglich ist.
Große religiöse Führer haben zu allen Zeiten erkannt, dass Alleinsein für die tiefe Selbsterkenntnis und für die Sinnfindung entschei-

dend ist. Sie zogen sich eine Zeit lang aus der Welt zurück, um sich ihr danach nachhaltiger zuwenden zu können.
So heißt es auch im heutigen Evangelium: »In jener Zeit verließ Jesus, erfüllt vom Heiligen Geist, die Jordangegend. Darauf führte ihn der Geist vierzig Tage lang in der Wüste umher ...« Damals also, in jener Zeit vor seinem öffentlichen Auftreten, führte ihn der Geist in die Wüste, vierzig Tage lang. Die Zeit dazu war reif und der Reifungsprozess dauerte seine Zeit. Jesus ließ sich darauf ein, in die verborgene Tiefenschicht seines Selbst einzutauchen, sich zu prüfen und sich mit sich selbst auseinander zu setzen. Das brauchte seine Zeit, eine Zeit der inneren Auseinandersetzung, eine Zeit der Klärung und des Loslassens. Man muss sich selbst aushalten und die Stille um sich herum. Man muss gegen diese Stille »anschreien«. Man muss den tierischen Hunger bezähmen und den höllischen Durst löschen. Da wird die Versuchung riesengroß und ungeheuerlich, da personifiziert sie sich zum Versucher. Da fragt man sich: Warum das alles? Man setzt sich den wilden Mächten aus und kämpft gegen alle Verlockungen des Lebens. Da wachsen aber auch innere Kräfte, innerer Friede mit sich und seiner Umwelt, eine tiefe Geborgenheit in Gott und ein starkes Selbstvertrauen stellen sich ein. Es eröffnen sich neue Dimensionen, Lebensperspektiven tun sich auf. Um mit sich selbst und Gott eins zu werden, braucht man Abwehrkräfte, innere, starke Abwehrkräfte, um nicht schwach zu werden, um nicht vor sich und seiner eigentlichen Seinsbestimmung davonzulaufen.
Dies alles hat Jesus erlebt und sich bewusst darauf eingelassen. In der Auseinandersetzung mit den dämonischen Kräften und den teuflischen Versuchungen entdeckt er sein eigenes Ich und findet zu sich, da er mit seinem Du, seinem Vater, in tiefer Verbundenheit eins wird. Ja, in der Einsamkeit wird er eins mit seinem Vater, eins mit seinen Schwestern und Brüdern. Und jetzt wird er seinen Auftrag glaubwür-

dig erfüllen können. Von jetzt an wird ihn keine Macht der Welt von diesem Auftrag abhalten können, den Willen Gottes zu erfüllen. Von jetzt an kann er deutlich und klar sagen: »Ich aber sage euch«, weil er weiß, dass er vom »Du« gehalten und getragen ist. Von jetzt an aber wissen auch wir, was ihm am Herzen liegt, worauf wir uns ganz und gar ein- und verlassen können: auf ihn, Jesus, unsern Herrn und Bruder. Er lässt uns nicht im Stich. Er steht zu uns, weil er zu sich selbst und seinem Auftrag stehen kann.

Fürbitten

- Herr, du hast dich vierzig Tage lang in die Wüste zurückgezogen, um in dieser äußersten Einsamkeit Kraft von deinem Vater zu erlangen. Auch wir möchten in die freien Blick gewährende Wüste unseres Menschseins gehen, damit wir dich und den Willen deines Vaters besser erkennen können.
  Gib uns den Mut dazu!
- Oft wollen wir mehr haben, als für unser Leben notwendig ist. Die Sorgen der anderen Menschen, die schon dankbar für eine volle Gesundheit und ein Minimum an Lebensglück wären, vergessen wir dabei oft ganz.
  Schenke uns rechtes Augenmaß!
- Nur aus Erzählungen und Bildern wissen wir, dass viele Menschen auf der Welt zum Hungern gezwungen sind. Das alles ist so weit weg, Herr, und viele Bequemlichkeiten und Ausreden lassen uns das Teilen mit diesen Menschen schwer werden.
  Vertreibe in uns alle Gleichgültigkeit!
- Du hast uns eine Erde geschenkt, die wir hegen und pflegen sollen. Doch Raubbau und Verschmutzung greifen auf deine Schöpfung über, und wir alle machen in irgendeiner Weise mit.
  Schenke uns Kraft zur Umkehr für eine gesunde Umwelt.

– Manche Genussmittel, von denen wir uns nur mühsam lösen können, haben von unserem Leben Besitz ergriffen. Manche davon schaden unserem Leib und unserer Seele.
Lass viele Impulse und Gelegenheiten in dieser Zeit kommen, damit ein Überdenken und ein Neuanfang möglich werden.

Josef Griesbeck

Friedensgruß

In der Wüste der Einsamkeit lernen wir wie Jesus unsere Stärken und Grenzen kennen.
In der Wüste der Einsamkeit entwickeln sich Durchhaltekraft und Willensstärke.
In der Wüste der Einsamkeit machen Kargheit und Verzicht empfindsamer, dünnhäutiger und unabhängiger.
In der Wüste der Einsamkeit entdeckt der Mensch sein wahres Ich und spürt die Sehnsucht nach dem Einswerden mit dem geliebten Du.
In der Wüste der Einsamkeit findet der Mensch den Frieden mit sich, mit der Schöpfung, mit seinem Schöpfer.
Der Friede des Herrn sei allezeit mit euch!

Gebet nach der Kommunion

Gott, in der Stille unserer Einsamkeit spüren wir eine tiefe Sehnsucht nach Leben, nach dir.
Im Wahrnehmen verschiedener subtiler Abhängigkeiten eröffnen sich uns neue Dimensionen und Perspektiven, deine Verheißungen werden wahr.
Du hast dich uns geschenkt und unseren Hunger und Durst gestillt.
Führe du uns jetzt in unsere Wirklichkeiten zurück.
Gehe mit uns aus den verlockenden Mechanismen unseres Wohlstandes, die doch nur unser inneres Wachstum verhindern.

Stille du immer wieder unseren Hunger nach wahrem Leben, und begleite uns auf den Durststrecken, wo wir ermüden.
Lass uns mitten in der Wüste immer eine Oase finden, wo wir aufleben können, bei Menschen, die uns nicht schaden, sondern beleben; wo sich Ich und Du begegnen, ergänzen und eins werden, so wie du eins bist mit deinem Sohn und dem Heiligen Geist.

Segenswunsch

Tief in der Einsamkeit des Ichs sich selber finden,
mitten im Streit sich lösen aus der Umstrickung von Rechthaberei und festgefahrenen Meinungen,
sein Ich entdecken im geliebten Du und eins werden im Wir.
Hass und Liebe, Streit und Frieden bejahen als ergänzende Pole,
und Freude empfinden an den Kehrseiten des Lebens.
Das gewähre euch der dreieinige Gott:
Gott, der Vater, die schöpferische Kraft des Lebens,
Gott, der Sohn, die menschliche Seite göttlichen Seins,
und Gott, der Geist, der uns immer neu die Kreativität und den schöpferischen Reichtum des Lebens schenkt.
Amen.

INS RECHTE LICHT GERÜCKT!
Eucharistiefeier am Zweiten Fastensonntag

Stiller Einzug

Begrüßung

Im Namen des Vaters ...

»Das erscheint mir in einem ganz anderen Licht« – »Etwas ins rechte Licht rücken«: All diese Formulierungen weisen darauf hin, dass man etwas vorher nie so richtig bedacht, gesehen, wahrgenommen hat. So geht es auch Petrus, Johannes und Jakobus, so haben sie Jesus noch nie gesehen. Bevor Jesus den Weg nach Jerusalem geht, erscheint er ihnen in einem ganz anderen Licht. Hier sind die Jünger ihrem Alltagstrott enthoben, hier auf dem Berg wird Jesus ihnen vor Augen gestellt: »Das ist mein auserwählter Sohn, auf ihn sollt ihr hören!«

So wollen wir uns ihm öffnen, auf sein Wort hören und ihn bitten:

Lied

Komm, Herr, dass wir dich sehen (Troubadour 431)

Kyrie

Gott, wir möchten, dass du uns nahe bist – und halten dich uns doch vom Leibe.

Herr, erbarme dich!

Wir möchten manchmal in einem ganz anderen Licht erscheinen – und verbergen uns doch vor dir.

Christus, erbarme dich!

Wir wünschen, dass unser Leben ein Ziel bekommt – und scheuen doch das Licht deiner Herrlichkeit.
Herr, erbarme dich!

Gott, im Lichte deiner Wahrheit erkennen wir, dass wir gesündigt haben in Gedanken, Worten und Werken.
Gott, du hast uns in Jesus Christus das Licht der Welt gezeigt. Er vertreibe all das Dunkel der Zweifel, die Nacht des Unglaubens.
Er nehme von uns all die Finsternis der Sünde und führe uns in das ewige Leben. Amen.

Gebet
Gott, im Getriebe der Welt suchen wir nach deinem Wort, das uns Orientierung und Halt gibt in unserem Alltag. Lass uns erkennen, wozu du uns berufen hast. Zeige uns Jesus, deinen Sohn, auf den wir hören sollen, der mit dir und dem Heiligen Geist lebt und wirkt in Ewigkeit. Amen.

Lesung
Phil 3,17– 4,1

Evangelium
Lk 9,28b–36

Predigt

Mit dem Slogan »Zwischen Himmel und Erde ist viel Raum für Verbesserungen« wirbt die Lufthansa mit einer großformatigen Anzeige. Die Werbebotschaft macht deutlich: Für die Mitarbeiter einer Fluggesellschaft gehört es zum Job, mit ihren Passagieren den Boden zu verlassen, um sie möglichst komfortabel in ein Urlaubsparadies zu bringen.

»Zwischen Himmel und Erde ist viel Raum für Verbesserungen« – so könnte auch die Überschrift für das heutige Evangelium lauten. Die Jünger werden von Jesus auf einen hohen Berg mitgenommen, und hier erscheint ihnen dieser Jesus in einem ganz anderen Licht. Hier zeigt er sich als der Messias, ganz als Mensch und ganz als Gottes auserwählter Sohn. Und Mose und Elija sind bei ihm, die bedeutenden Gestalten des Volkes Israel: Mose, der Israel aus der Unterdrückung in Ägypten herausgeführt hatte, mit dem Gott seine Geschichte der Freiheit begann, und Elija, der kämpferische Prophet, der in den Himmel entrückt wurde und der einst wieder vom Himmel kommen soll.

Jesus, zwischen diesen beiden Gestalten, wird bestätigt: »Das ist mein auserwählter Sohn, auf den sollt ihr hören.« Hier fühlen sich die Jünger selbst bestätigt, hier fühlen sie sich wohl, wie im Paradies, hier wollen sie bleiben, Hütten bauen. Der Alltag aber ist anders, der Weg nach Jerusalem ist zunächst kein Weg in den Himmel, hier wartet die kalte, harte Wirklichkeit.

Dieses kurze momentane Glücksgefühl aber genügt, um den Jüngern Kraft zum Aushalten und Durchhalten zu geben. Glücksgefühle vergehen, aber die tief erfahrene Gewissheit bleibt, dass in diesem Jesus von Nazaret Gott selbst anwesend ist, wo man auch sein mag, im Himmel oder auf Erden. »Verklärung Jesu« wird das Geschehen auf dem Berg üblicherweise genannt. »Verklärung« meint dabei nicht,

»besser erscheinen lassen« als es ist. Verklärung« bedeutet hier vielmehr, »klar machen«, »ins richtige Licht rücken«. Für die Jünger wurde Jesus ins richtige Licht gerückt. Ihnen wurde von Gott selbst klar gemacht, dass Jesus der Mittler zwischen Erde und Himmel ist. Und der Mensch kann Heil erlangen, indem er »auf ihn hört«, seinem Wort entsprechend lebt. In dieser Spannung zwischen Himmel und Erde sind wir also nicht allein gelassen. Er ist bei und unter uns. Wir sind nun aber gerufen, diese Spannung zumindest auszuhalten bzw. sie aufzulösen, indem wir uns mit ihm für Veränderungen zum Besseren einsetzen.
Und wenn Gott selbst in unserer Zeit handelt, hebt er Zeit und Ort auf. Da öffnet sich der Himmel über unserem Alltag, da fallen Zeit und Ewigkeit zusammen. Es sind nur Augenblicke, die wir geschenkt bekommen. Wir können keine Hütten bauen, um sie dingfest zu machen. Es entschwinden uns auch die Garanten Mose und Elija. Dann stehen wir allein da und bekommen Angst.
In dieser Angst bleibt uns das Wort: »Das ist mein auserwählter Sohn, auf ihn sollt ihr hören.«
Aufblitzen des göttlichen Lichtes mitten in der Dunkelheit unseres menschlichen Lebens.

Lied

Du bist das Licht der Welt ... (Troubadour 1078)

Meditation zum Vaterunser

Wenn ich glücklich bin und mich geborgen fühle, dann sage ich:
Vater unser im Himmel, geheiligt werde dein Name.
Wenn ich aber innerlich zerrissen, mit mir nicht im Reinen, unzufrieden mit meiner Arbeit bin, dann bete ich:
Dein Reich komme.
Wenn ich manchmal unbedingt meinen Kopf durchsetzen will, unbedingt Recht haben, dann stammle ich:
Dein Wille geschehe,
wie im Himmel, so auf Erden.
Wenn ich merke, wie gut es mir geht und dass das nicht alles so selbstverständlich ist, dann hoffe ich:
Unser tägliches Brot gib uns heute.
Wenn ich andere fertig gemacht habe, neidisch auf sie war, ihnen ihren Erfolg nicht gegönnt habe, dann bitte ich:
Und vergib uns unsere Schuld,
wie auch wir vergeben unseren Schuldigern.
Und wenn ich tausend Ausreden und Entschuldigungen habe, endlich eine Sache anzupacken, mit einem anderen Menschen ernsthaft zu reden, dann denke ich:
Und führe uns nicht in Versuchung,
sondern erlöse uns von dem Bösen.
Wenn ich dann manchmal auch richtig froh bin und überzeugt, dass du, Gott, bei mir bist, dann glaube ich:
Denn dein ist das Reich
und die Kraft und die Herrlichkeit in Ewigkeit ...
Wenn ich so darüber nachdenke, bin ich mir sicher, dass ich nicht allein bin, sondern viele Menschen auf der Erde beten so wie ich:
Vater unser ...

Nach der Kommunion

Verheißung

Menschen
die aus der Hoffnung leben
sehen weiter
Menschen
die aus der Liebe leben
sehen tiefer
Menschen
die aus dem Glauben leben
sehen alles
in einem anderen Licht

LOTHAR ZENETTI

Dankgebet

Jesus, unser Herr und unser Bruder! Im Brot und im Wein hast du dich uns geschenkt. In diesen Gestalten bist du uns in einem ganz anderen Licht erschienen und hast uns klar gemacht: Ich bin für euch da! Wir danken dir, du Garant des Lebens, du Wort des Vaters, du Liebe des Heiligen Geistes, der du lebst und wirkst in alle Ewigkeit. Amen.

Segenswunsch

So geht nun hin in Gottes Frieden!
Er lasse euch selber Licht sein für die Welt
und die Menschen erahnen,
was ein neuer Himmel und eine neue Erde ist.
In seiner Liebe begleite er die Wege eures Lebens und segne sie.
Er schenke euch den Frieden eures Herzens: der Vater, der Sohn
und der Heilige Geist! Amen.

WARUM LÄSST GOTT DAS ZU?
Eucharistiefeier am Dritten Fastensonntag

Einzug in Stille

Lied zu Beginn
Gott wohnt in einem Lichte,1–3.5 (GL 290)

Begrüßung
In seiner 1888 erschienenen Novelle »Der Schimmelreiter« erzählt Theodor Storm wie der Deichgraf Hauke Haien händeringend am Krankenbett seiner Frau steht, die zu sterben droht:

Der Arzt aus der Stadt war geholt, er saß am Bett und fühlte den Puls und verschrieb und sah ratlos um sich her. Hauke schüttelte den Kopf: »Der hilft nicht; nur Gott kann helfen.« Er hatte sich sein eigenes Christentum zurecht gerechnet, aber es war etwas, das sein Gebet zurückhielt. Als der alte Doktor davongefahren war, stand er am Fenster, in den winterlichen Tag hinausstarrend, und während die Kranke aus ihren Phantasien aufschrie, schränkte er die Hände zusammen; er wusste selber nicht, war es aus Andacht oder war es nur, um in der ungeheueren Angst sich nicht selbst zu verlieren ... »Herr, mein Gott«, schrie er, »nimm sie mir nicht! Du weißt, ich kann sie nicht entbehren!« Dann war's, als ob er sich besinne, und leiser setzte er hinzu: »Ich weiß ja wohl, du kannst nicht allezeit, was du willst, auch du nicht; du bist allweise; du musst nach deiner Weisheit tun – o Gott, sprich nur durch einen Hauch zu mir!«

Das hörte seine Hausmagd, und so machte das ihrer Ansicht nach lästerliche Gebet in der ganzen Gegend die Runde: »Er hatte Gottes Allmacht bestritten; was wär ein Gott denn ohne Allmacht?«

Aus: Theodor Storm, Der Schimmelreiter,
Reclams Universal-Bibliothek, Bd. 6015/6016, Stuttgart 1959, 103.

Gott! Wer ist dieser Gott? Warum lässt er all das Leid, die Krankheit, den Schmerz, den Tod zu? Kümmert es ihn nicht? Oder ist auch er dagegen ohnmächtig wie wir?

– Stille –

Statt des Kyrie wollen wir heute ein Gebet von Josef Heer hören und bedenken:

Gott vertrauen
Du legst deine Hand auf meine Schulter.
Du, Christus, bist für mich der, der um Gott Bescheid weiß,
ja mehr: der sein eigenes Scheitern in Kauf genommen hat,
um Gott und uns – um Gott und mich – zusammenzuhalten.
Du nennst mich »Freund«.
Dir kann ich trauen. Du legst deine Hand auf meine Schulter.

Dich möcht ich vieles fragen ...
Du hältst ein Buch in deiner Hand.
Drin steht, was du von »Gott und uns« gesagt.
Ich freilich habe dazu fast nur Fragen:
Warum müssen Kinder leiden? Warum das Übel und das Böse?
Warum geht's guten Leuten schlecht und schlechten gut?
Warum hält Gott – dein Gott und mein Gott – sich so zurück?

Du schweigst zu meinen Fragen.
Du sagst so viel wie nichts zu dem, was mich bedrängt.
Weißt du die Antwort selber nicht?
Könnt ich eine Antwort überhaupt verstehen?
Blieb sie – auch wenn gegeben – doch nur wirkungslose Theorie?

Willst du mir andres nahe bringen?
»Lass endlich deine Fragen« – sagst du – »sonst hörst du nicht!«
Erfass jetzt neu: Dich ruft Gott bei deinem Namen;
ins Vertrauen zu ihm sollst du finden,
sollst ihm danken für das Glück in deinem Leben,
sollst im Leid um seine Hilfe bitten!
Erfass jetzt neu: Dich nimmt Gott an, so wie du bist!
Geht dir das tiefer auf, dann wirst du selber weit!
Dann wirst du fähig, andre anzunehmen,
dich um sie zu kümmern! –
Gewiss, das löst nicht deine Fragen –
doch so kannst du mit ihnen leben!

So einfach klingt, was du mir sagst.
Du sagst mir das, was einer einmal träumend so erfuhr:
Voll Schrecken sah er, wie ein Kind erfror. Er fragte Gott:
Warum lässt du das zu, tust nichts dagegen? Gott aber schwieg!
Doch im Erwachen hört er ihn dann leise sagen:
»Ich hab dagegen was getan: Ich habe dich geschaffen!«
Nimm nur nicht seine Hand von meiner Schulter!
Bejah ich meine »Rolle« so vor Gott,
mag vieles andre sein Geheimnis bleiben!
Ich bin dann nicht allein auf diesem Weg.
Du bist mir Freund, hältst deine Hand auf meiner Schulter.

Josef Heer

– *Stille* –

Lesung
Ex 3,1–8a.10.13–15

Meditatives Orgelspiel

Evangelium
Lk 13,1–9

Predigt
Das heutige Evangelium ist einer der ganz wenigen Texte im Neuen Testament, der die alles entscheidende Frage nach dem »Warum« stellt, die Frage nach dem Unrecht, das Menschen zugefügt wird. Warum? Diese Frage stellten Ijob und seine Freunde; diese Frage wird auch heute gestellt, wenn z.B. das einzige Kind an Krebs stirbt, wenn ein Jugendlicher bei einem Verkehrsunfall ums Leben kommt. Nehmen wir nun aber die beiden konkreten Beispiele des heutigen Evangeliums her:
Pilatus lässt Galiläer beim Opfern umbringen. Und: In Schiloach ist ein Turm eingestürzt und hat viele Menschen erschlagen. Dieses Unglück ist in aller Munde und auch die Frage: Wer ist schuld? Warum musste das geschehen? Wie kann Gott dies zulassen?
Schon bei dem Skeptiker Sextus Epirikus (um 150 n.Chr) findet sich eine Argumentation, die ungefähr so lautet: Entweder will Gott das Böse nicht verhindern, obwohl er es könnte – dann ist er nicht gut; oder er will es, kann es aber nicht – dann ist er nicht allmächtig; oder er will es nicht, noch kann er es – dann ist er weder allmächtig noch gut. Ist er jedoch nicht allmächtig noch gut, dann ist er auch nicht

Gott; weil es nun das Böse, Leid, Übel, Schuld in der Welt gibt, es folglich nicht verhindert wird, deshalb kann es auch keinen Gott geben. Auf solche Einwände haben Theologen schon früh etwa folgendes geantwortet: Das Leid will Gott nicht, aber er lässt es zu, weil er die Freiheit des Menschen will. Das Leid aber kann Gott wollen, um uns zu helfen. Als Beispiel führte man etwa an, dass auch ein Arzt eventuell einen Finger amputieren muss, um den ganzen Arm zu retten. Und schließlich wurde auch darauf aufmerksam gemacht, dass unsere eigentliche und endgültige Heimat nicht hier, sondern im Himmel ist. Aber all diese Antworten sind nicht zufrieden stellend. Auch Jesus lässt diese Antwort so nicht gelten. Das Buch Ijob im Alten Testament versucht deshalb auch gar nicht, auf die anklagende Frage Ijobs eine Antwort zu geben, sondern es weist die Frage zurück. Ähnlich tut dies Jesus auch im heutigen Evangelium. Es geht ihm darum, wie wir selbst auf Leid, Unglück, Krankheit reagieren. Daran leiden, sich davon bewegen zu lassen, kann bisweilen der einzige Ausdruck unserer Liebe sein. Wenn wir aber lieben, müssen wir auch bereit sein, diese Liebe einzusetzen.

Das zeigt sich am Beispiel des Feigenbaums. Der Feigenbaum droht einzugehen und der Besitzer will ihn beseitigen. Der Weingärtner aber setzt sich für ihn ein, indem er alles tut, um ihn zu retten. Und damit verweist Jesus auf seinen Vater und sein eigenes Verhalten: Gott hat diese Welt geschaffen, nicht weil er von ihr etwas bekommen, sondern weil er ihr etwas schenken wollte. Er gab ihr Anteil an seiner Liebe. Die Menschen verweigerten sich. Gott selbst ist daher in seinem Sohn Mensch geworden, um diese Liebe zu verwirklichen.

Die Liebe also gibt zunächst diesem Leid seinen Sinn, dem Kreuz Christi und von ihm her auch allem anderen Leid. Wenn ich also trotz des Leids nicht an der Liebe verzage, bekommt die Liebe einen ganz anderen Wertmaßstab. Gott möchte uns umwandeln in liebende, solidarische Menschen, denen das Leid der Menschen am Herzen liegt. Er ist keine billige Erklärung von Unglück, Leid, Krankheit und Tod. Gott ist der Maßstab, an dem wir unsere Liebe messen können.

Lied

Antwort auf alle Fragen ... (Troubadour 170)

Glaubensbekenntnis

Dietrich Bonhoeffer beschreibt das »Trotzdem« des Glaubens:

Ich glaube,
dass Gott aus allem, auch aus dem Bösesten,
Gutes entstehen lassen kann und will.
Dafür braucht er Menschen,
die sich alle Dinge zum Besten dienen lassen.

Ich glaube,
dass Gott uns in jeder Notlage
so viel Widerstandskraft geben will,
wie wir brauchen.
Aber er gibt sie nicht im Voraus,
damit wir uns nicht auf uns selbst,
sondern allein auf ihn verlassen.
In solchem Glauben müsste alle Angst
vor der Zukunft überwunden sein. (…)

Ich glaube,
dass Gott kein zeitloses Fatum ist,
sondern dass er auf aufrichtige Gebete
und verantwortliche Taten wartet und antwortet.

Dietrich Bonhoeffer

Lied

Ich möcht, dass einer mit mir geht ... (Troubadour 726)

Gebet

Gott, wer bist du? – Nimm in dieser Eucharistiefeier, nimm mit den Gaben von Brot und Wein uns selbst an, unsere Fragen, unsere Zweifel, unsere Bitten. Nimm uns an, damit wir spüren, dass du ein Gott der Menschen bist und wir uns in dir geborgen wissen, der du lebst und liebst in Ewigkeit. Amen.

Nach dem Schlussgebet

Ich mag sie nicht, diese Alles-Erklärer.
Am wenigsten mag ich deine Erklärer, Gott,
die dich rechtfertigen
und herausreden bei allem, was du tust.
Ich gestehe dir lieber,
dass ich dich nicht verstehe.
Dass ich dich nicht begreife,
warum du so viel Schmerz,
so brüllenden, wahnsinnigen
und sinnlosen Schmerz geschaffen hast.

Diese Worte schrieb der bekannte Jesuitenpater Peter Lippert, der von 1879 bis 1936 lebte.

WO KÄMEN WIR DA HIN?
Eucharistiefeier am Vierten Fastensonntag

Einzug in Stille

Begrüßung – Schuldbekenntnis

Wo kämen wir da hin, wenn jeder tun könnte, was er will. Einmal muss Schluss sein!
Bei Menschen vielleicht – aber bei Gott nicht. Im heutigen Evangelium hält Gott alle Türen offen, geht seinen beiden Söhnen entgegen und lädt sie zum Fest. Das Gleichnis Jesu gilt auch uns. Es gilt, der Einladung des Vaters zum Mahl zu folgen und die hier Anwesenden als unsere Schwestern und Brüder zu akzeptieren.
Wie der jüngere Sohn wollen wir zu Gott umkehren und bekennen: Ich bekenne ...

In seiner grenzenlosen Liebe erbarmt sich Gott, unser Vater; er nimmt von uns alle Schuld und will uns untereinander versöhnen. Er lädt uns zum ewigen Gastmahl in sein Reich.
Amen.

Textverfremdung

Ein Vater hatte zwei Söhne. Der Jüngere wollte von zu Hause weg und verlangte deshalb sein Erbteil. Der Vater teilte sein Vermögen auf. Der jüngere Sohn zog von zu Hause fort. Ihm war es dort zu eng und stickig geworden. In der Fremde konnte er leben, wie er es wollte. Er lebte in Saus und Braus, feierte Feste und kümmerte sich nicht da-

rum, was die Leute über ihn dachten und von ihm sagten. Bei seinem verschwenderischen Leben geriet er in Geldknappheit. Mit Gelegenheitsarbeiten stotterte er das Notwendigste zum Leben zusammen, merkte aber zugleich, dass es ihm nicht reichte und – wie hart das Arbeiten war. Sehr hart! Zu hart! Diese Quälerei war ihm auf Dauer gesehen zu lästig. Da wollte er doch lieber zu Hause gesichert leben. Also ging er nach Hause zurück.
Dort entschuldigte er sich bei seinem Vater, um gut aufgenommen zu werden: »Ich habe dein Geld verprasst. Ich möchte gerne wieder bei dir leben und ein geregeltes und ordentliches Leben führen.« Der Vater aber war erbost über diese Entschuldigung seines Sohnes. Zu lange hatte er das Gerede der Nachbarschaft mit anhören müssen. Jeder Gedanke an seinen Jüngsten hatte ihm Verdruss und Ärger bereitet. Zu lange hatte er die Schande, die sein Sohn ihm zugefügt hatte, in sich hineingefressen. Jetzt fand er Gelegenheit, den angestauten Hass zu entladen. Erbost fuhr er seinen Sohn an und schickte ihn fort: »Komm nicht noch einmal in mein Haus!« So wenigstens wollte der Vater seiner Nachbarschaft beweisen, wie er über die Lebensweise seines Sohnes dachte.
Der ältere Sohn hatte das mitbekommen. Der ganze Missmut, den ihm das anstrengende Leben zu Hause bereitet hatte, verstärkt durch den geheimen Neid auf seinen Bruder, wandelte sich augenblicklich in Freude. Er bestätigte seinen Vater. Dieser dachte: Wenigstens ein Vernünftiger in der Familie – mein älterer Sohn.

– Stille –

Meditative Musik

Evangelium

Lk 15,1–3.11–32

Predigt

Es ist tatsächlich passiert: Ein junges Mädchen ist von zu Hause fortgelaufen und zu ihrem Freund gezogen. Nach einiger Zeit trennt sie sich wieder von diesem Freund und will wieder nach Hause kommen. Sie steht vor der Tür und läutet. Der Vater macht auf: »Ich will wieder heim, Vater.« Mit eisiger Kälte antwortet ihr der Vater: »Verschwinde! Ich habe keine Tochter mehr!« – und schlägt die Tür zu. So können Menschen sein. Und Gott? Antwort auf diese Frage gibt das heutige Evangelium.

Ausgangspunkt für das Gleichnis vom barmherzigen Vater und den beiden »verlorenen« Söhnen ist Jesu Umgang mit den Zöllnern und Sündern, denen er herzlich zugewandt ist und mit denen er gemeinsam isst und trinkt. Das wirft bei den so genannten Frommen die Frage auf: »Warum tut er das? Das darf er doch nicht!«

Jesus antwortet auf die Empörung dieser Frommen mit drei Erzählungen, die als Gleichnisse für Gottes Handeln aufleuchten: die Gleichnisse vom verlorenen Schaf, von der verlorenen Drachme und vom verlorenen Sohn.

Besonders das Gleichnis heute, das Gleichnis vom verlorenen Sohn, birgt die Gefahr in sich, dass wir allzu leicht abschalten. Es ist uns allen wohl bekannt. Ich möchte Sie dennoch einladen, diese bekannte Geschichte heute neu zu bedenken. Was ist daran so ungewöhnlich? Nicht, dass junge Leute so etwas tun. Das passiert jeden Tag. Ungewöhnlich ist das Verhalten des Vaters, seine Gelassenheit, seine Großmut, seine Freude, seine Großherzigkeit gegenüber beiden Söhnen. Der Vater hat seinen Sohn aus dem Haus gehen lassen, ohne Groll. Nichts trägt er ihm nach. Er konnte loslassen, aber nie hat er ihn aus seiner Liebe entlassen. Seine Liebe hat diese innere Gelassenheit, diese Geduld und dieses Verständnis. Die Liebe des Vaters sieht den Sohn schon von weitem kommen. Sie läuft ihm entgegen. Der Vater umarmt und küsst ihn. Er verliert kein Wort darüber, was alles passiert ist, wie der Sohn ihm wehgetan hat. Er schlägt nicht die Tür zu, sondern öffnet sein Haus, veranstaltet ein Fest. Und die einzige Begründung für dieses Tun ist: »Denn mein Sohn war tot und lebt nun wieder; er war verloren und ist wieder gefunden worden.«

Wir erinnern uns: Anlass für diese anrührende Erzählung ist das Murren der Frommen über Jesu Verhalten: Er gibt sich mit den Sündern ab und isst mit ihnen. Warum tut er das? Und seine Antwort lautet: Weil Gott selbst so handelt. Die Erzählung wird zum Gleichnis für Gottes Handeln gegenüber uns Menschen. Sie macht deutlich, wie groß Gottes Liebe, seine Barmherzigkeit und Geduld ist.

Als Kind habe ich im Religionsunterricht einmal gelernt: »Ein Auge ist, das alles sieht, auch was bei finstrer Nacht geschieht.« Das Auge Gottes schaute streng und strafend auf mein Leben. Der erhobene Zeigefinger war immer da. Aus der Frohbotschaft wurde nicht selten eine Drohbotschaft, aus der so genannte »ekklesiogene Neurosen« entstanden, das heißt psychische Krankheiten resultierend aus diesem furchtbar falschen Gottesbild. »Gottesvergiftung« nannte der Psychoanalytiker Tilman Moser sein Buch. Er sieht im christlichen Gott nur einen Angstmacher, Schnüffler, Nörgler und Lebensfeind. Ein solches Gottesbild habe ihn fertig gemacht. Nur durch eine Psychoanalyse konnte er sich davon befreien.

Der Gott, den Jesus uns zeigt, ist anders. Nicht einen Furcht erregenden, lebensverneinenden, nein einen suchenden, heilenden, lebensbejahenden Gott hat Jesus verkündet.

Aber da ist noch der ältere Sohn. Er ist verhärtet gegenüber seinem Vater und gegenüber seinem Bruder. Für den älteren Bruder ist der

Jüngere nur noch ein »Der da«. Er macht dem Vater Vorwürfe. Auch hier handelt der Vater ungewöhnlich: Er lässt ihn nicht draußen stehen. Er geht zu seinem älteren Sohn hinaus. Geradezu zärtlich und verständnisvoll redet er ihn an: »Mein Kind«, und er betont die innige Gemeinschaft mit ihm, die nie unterbrochen war. Unversöhnlich beharrt der ältere Sohn auf seinen Verdiensten. Er meint, er habe sich nichts zuschulden kommen lassen. In der Tat aber hat er aufgehört, Sohn, Bruder zu sein. Letztendlich ist sein Verhältnis zum Vater und zum Bruder tief gestört. Fast unmerklich hat er sich selbst genommen, was seinem Leben Sinn und Freude gibt: Sohn und Bruder zu sein. Der Vater aber will ihn trotz allem wieder hereinholen in sein Haus, in die Gemeinschaft mit ihm. Durch seine Geduld und Herzlichkeit will er die Herzenshärte, die Enge des älteren Sohnes auflösen. Großzügig überhört er alle Vorwürfe, damit dieser selbst großzügig zu seinem jüngeren Bruder sein kann. Nicht mit einem Vorwurf, nicht mit Härte oder Strafe reagiert der Vater, sondern fast ohnmächtig wirbt er um seinen älteren Sohn, begibt sich selbst nach draußen und hat nichts als seine Liebe.

Wie wird der ältere Sohn darauf reagieren? Wie würden wir uns verhalten an seiner Stelle? Ja, mit welchem der beiden Söhne könnten wir uns am besten identifizieren?

Ganz gleich, wer und wie wir sind. Gottes Liebe, Gottes Geduld und seine Großherzigkeit gilt jedem von uns. Entscheidend ist, dass wir uns als seine Kinder fühlen und miteinander großzügig und weitherzig als Schwestern und Brüder umgehen und leben. So können wir jetzt auch die herzliche Einladung zum Gastmahl des Vaters annehmen und uns darüber freuen, dass wir Gott als barmherzigen Vater haben und wir untereinander Schwestern und Brüder sind.

Vaterunser

Unser menschliches Leben wurzelt nicht in einem mehr oder weniger zufälligen Dazugehören, sondern in dem bewussten Schöpfungsakt Gottes: Ich will, dass du bist! Gott als Vater gibt aber den menschlichen Bindungen ebenso untereinander einen unvergleichlichen Wert, weil er die Gleichheit und Gleichberechtigung aller Schwestern und Brüder in einer Weise begründet, die anders nicht erreicht werden kann.

So wollen wir mit unserem Bruder Jesus zum gemeinsamen Vater beten:

Vater unser ...

STEIN DES ANSTOSSES
Eucharistiefeier am Fünften Fastensonntag

Vorbereitung
Kleine Steine für alle Gottesdienstteilnehmer

Einzug in Stille

Einführung
Steine liegen hier herum – sie sind heute das Thema unseres Gottesdienstes. Sie geben mir den Anstoß – die Steine des Anstoßes im heutigen Evangelium. Wie oft nehmen wir Anstoß an den anderen, weil sie nicht so sind wie wir? Wie oft sind wir steinhart, brutal, unbarmherzig, weil andere sich etwas erlauben, was wir selber gerne täten, es uns aber nicht zugestehen.
Steine werfen auf andere – das hat sich nicht nur in der Redensart erhalten. Wer anders denkt, anders lebt, anders fühlt – der bekommt es zu spüren.
Im Alten Testament bestrafte man Verbrechen oft mit Steinigung. Es war eine Art Volksjustiz. Im heutigen Evangelium sollte eine ertappte Ehebrecherin mit der Zustimmung Jesu unter einem Steinhagel sterben. Man schleppte sie vor ihn. Und was tat er? Jesus sagte zu den Selbstgerechten: »Wer von euch ohne Sünde ist, der werfe den ersten Stein!«

– Stille –

Bußakt

Bekehre uns, vergib die Sünde, 1–3.6.7 (GL 160)
(Kantor – Gemeinde)

Vergebungsbitte

»Frau, hat dich keiner verurteilt,
dann verurteile auch ich dich nicht!
Geh und sündige nicht mehr!«
Diese Zusage gilt Ihnen und mir, jedem von uns.
Der allmächtige Gott erbarme sich unser ...

Gebet

Barmherziger, warmherziger Gott! Du erbarmst dich unser. Du kannst auch unsere versteinerten Herzen verwandeln und uns ein Herz geben nach deinem Herzen. Nimm uns, wie wir sind, und mach uns so, dass wir barmherzig und warmherzig werden wie du. Amen.

Lesung

Jes 43,16–21

Antwortpsalm

O höre, Herr, erhöre mich, 1–7 (GL 167)
(Kantor – Gemeinde)

Evangelium

Joh 8,1–11

Predigt

Die Bibel kennt den Menschen, seine Sehnsüchte nach Geborgenheit und Liebe, sie kennt aber auch seine Gebrechlichkeit, seine Unzuverlässigkeit und seine Treulosigkeit. Die Bibel beschreibt die Beziehung Gottes zu seinem Volk oft in dem Bild einer Ehe. Ohne Beschönigung legt sie dar, wie Israel immer wieder diesen Bund gebrochen hat. Aber Gott lässt sich nicht beirren: Er liebt sein Volk. Immer und immer wieder lässt er sich neu ein. Immer und immer wieder verzeiht er, bleibt er ihm treu, mag auch sein Volk treulos sein.

Diese Zuverlässigkeit und Treue Gottes zu seinem Volk kann für manche Ehe eine Hilfe sein, auszuhalten, durchzuhalten. Denn gewiss gibt es in jeder Ehe Zeiten und Situationen, oft auch über Monate und Jahre hinweg, in denen der Gedanke an Scheidung hochkommt. Angesichts dieser Tatsachen kann es schwer werden, das Gebot der Unauflöslichkeit der Ehe einzuhalten. Manchmal freilich wirft man heutzutage zu schnell den »Bettel« hin und trennt sich. Auf der anderen Seite aber muss man auch sehen, dass manche Ehen im Laufe der Zeit in irreparabler Weise zerbrochen sind, dass die Beziehung zueinander gestorben ist, tot ist. Wie soll sich die Kirche dazu verhalten? Soll sie sich die Einstellung Jesu im heutigen Evangelium zu Eigen machen? Kann sie Wege finden, diesen Eheleuten zu helfen, ohne dabei die Unauflöslichkeit der Ehe in Frage zu stellen? Um die Richtung möglicher Lösungen anzudeuten, möchte ich zunächst an die Tradition der Ostkirche erinnern: Dort wird die Ehebruchsklausel aus Mt 19,9 konsequent angewendet. Jesu Wort über die Unauflösbarkeit der Ehe ist gewiss sehr ernst zu nehmen, aber zum Kern seiner Botschaft gehört auch das Erbarmen Gottes. Jesus selbst weist darauf hin, dass im Alten Testament wegen der Herzenshärte der Menschen die Ehescheidung unter bestimmten Bedingungen erlaubt war. Wie ist es heute, da in unserer Stadt beinahe jede dritte Ehe geschieden ist? Wäre es nicht im Sinne Jesu, wenn für diese Menschen Gott nicht als steinharter Gesetzgeber, sondern als barmherziger Vater erfahrbar wäre? Trotz mancher Bemühungen von deutschen Bischöfen und Kardinälen in der Vergangenheit ist eine angemessene Lösung, die kirchenamtlich von Rom gutgeheißen würde, noch nicht erkennbar, aber angesichts des riesigen Problems unbedingt notwendig. Was kann ich aber heute all denen sagen, die nach einer Scheidung wieder geheiratet haben? Manche werden in dem Bewusstsein leben, jetzt erst die richtige Partnerin, den richtigen Partner gefunden zu haben und glücklich zu sein. Die Kirche stimmt ihrer Entscheidung nicht zu: den einen kränkt und verletzt das; dem anderen ist es gleichgültig, er tritt aus der Kirche aus; wieder ein anderer versteht zwar die Haltung der Kirche, aber will sich vom zweiten Lebenspartner nicht mehr trennen. Ich bitte um Verständnis dafür, dass unsere Kirche das hohe Gut der Unauflöslichkeit einer christlichen Ehe nicht preisgeben kann. Aber so wichtig es ist, dass wir den Anspruch Jesu nicht aufgeben, so wichtig ist es aber auch, dass wir niemanden fallen lassen, ihn ausschließen und so das Gefühl geben, von der Barmherzigkeit Gottes ausgeschlossen zu sein. Frau, Mann! Wo sind sie geblieben? Hat dich keiner verurteilt? So will auch ich dich nicht verurteilen!

Fürbitten

»Ich nehme das Herz aus Stein und gebe euch ein Herz aus Fleisch« (Ez 36,26).

Weil wir manchmal wirklich keine Lösung finden, weil wir oft selbst hin- und hergerissen sind und nicht wissen, wie wir uns entscheiden sollen, kommen wir zu dir, Gott, und bitten dich:

- Ermutige und stärke die Eheleute in ihrer Liebe, leite sie an, offen und ehrlich über ihre Gefühle zu reden, und, wenn es sein muss, auch darüber zu streiten.
  Erbarme dich meiner, o Gott ... (GL 171/2, Kantor – Gemeinde)
- Gib ihnen ein vernünftiges Verhältnis zu sich selbst und zueinander, damit sie auch ihren Kindern Liebe und Geborgenheit schenken können.
  Erbarme dich meiner, o Gott ...
- Lass uns nicht auf Geschiedene herabschauen, sondern lass uns ein wenig mitfühlen, wie es ist, ohne die Lebenspartnerin oder den Lebenspartner leben zu müssen.
  Erbarme dich meiner, o Gott ...
- Häufig leiden die Kinder am meisten unter der Scheidung ihrer Eltern und fühlen sich hin- und hergerissen. Schenke ihnen Heimat und Geborgenheit, damit sie selbst nie an der Liebe und Treue ihrer Eltern zweifeln müssen.
  Erbarme dich meiner, o Gott ...
- Lass alle geschiedenen Eheleute, die eine neue Partnerin bzw. einen neuen Partner gefunden haben, glücklich sein und aus der alten Erfahrung lernen.
  Erbarme dich meiner, o Gott ...

Gott, gib uns allen deinen Geist: den Geist des Verstehens, den Geist der Gerechtigkeit und der Barmherzigkeit. Lass uns miteinander leben in Liebe und Geduld, in Verlässlichkeit und Verzeihen, so wie du lebst und wirkst in der Einheit des Heiligen Geistes, Gott von Ewigkeit zu Ewigkeit. Amen.

Zur Gabenbereitung

Heute ist Misereor-Sonntag. »Misereor« heißt: »Ich erbarme mich«, ich lasse mich bewegen, es geht mir zu Herzen. Wenn wir von Gott erwarten, dass er sich unser »erbarmt«, dann müssen auch wir uns unserer Mitmenschen erbarmen.

(Hier wird die Aktion näher dargestellt.)

Friedensgruß

(Ministranten teilen kleine Steine aus.)

Diese Steine nehmen Sie bitte heute mit nach Hause. Sie sollen Ihnen in der kommenden Woche eine Hilfe sein, Stein auf Stein Vertrauen aufzubauen und Steine des Misstrauens abzubauen. Sie sollen Ihnen eine Mahnung sein, nicht mit Steinen auf andere zu werfen. Sie sollen Sie vielmehr daran erinnern, dass einer den Stein ins Rollen brachte, den Stein vom Grab rollte, um uns allen Leben, Frieden, Barmherzigkeit und Liebe zu schenken:
Der Friede des Herrn ...

Lied nach der Kommunion

Herr, deine Liebe ... (Troubadour 1)

Nach der Kommunion

Frau, Mann, hat dich keiner verurteilt?
Keiner, Herr!
Auch ich verurteile dich nicht.
Geh und sündige von jetzt an nicht mehr.

Gebet

Gott, du hast dich uns geschenkt in deinem überreichen Erbarmen. Auch wenn wir nicht alles so halten können, wie du es von uns verlangst, lass uns nie an deiner Liebe zweifeln. Geh du mit uns! Amen.

Segensspruch

Der Gott, dessen Namen ist, »Ich bin bei euch«,
er gehe mit euch und lasse euch seine Nähe spüren.
Er stehe euch an der Seite, wenn ihr die Kraft nicht habt,
allein zu sein.
Den Mühlstein um euren Hals werfe er weit weg ins Meer
der Traurigkeit.

Den Stolperstein räum er aus dem Weg,
damit ihr nicht fallt zu Boden.
Den Stein vom Grabe rolle er beiseite,
damit ihr leben könnt in seiner Liebe.
So sende euch und segne euch
der Gott, der mit uns allen Erbarmen hat:
der Vater, der Sohn und der Heilige Geist.
Amen.

Lied zum Auszug

Gib uns Frieden jeden Tag (Troubadour 284)

HEIMKOMMEN

Versöhnungsfeier für Kinder, Jugendliche, Eltern, Paten und für die ganze Gemeinde

Vorbereitung

Persönliche Einladung an die verschiedenen Gruppierungen

Liedblatt mit Bild vom »Barmherzigen Vater«

Außer dem Kirchenraum werden noch zwei Räume für die Gesprächsgruppen benötigt.

Einzug

Orgelspiel

Begrüßung und Einleitung

Herzlich willkommen, ihr Kinder, ihr Jugendlichen, mit euren Eltern und Paten! Herzlich willkommen, sie, die ganze Gemeinde!
Wir sind alle eingeladen zu einer Versöhnungsfeier mit dem Thema »Heimkommen«. Wir sind gerne daheim, wenn es zu Hause friedlich zugeht, wenn man sich gegenseitig gelten lässt und achtet; wir sind gerne daheim, wenn nach einem Streit wieder Frieden geschlossen wird, wenn man nach einem Konflikt in der Familie genau weiß, dass man füreinander einsteht und es manchmal auch nicht so gemeint war. Schwierig wird es, wenn eine Spannung im Raum herrscht, wenn keiner mehr mit dem anderen redet, wenn bei jedem Wortwechsel die eine oder der andere in die Luft geht, sich zurückzieht in sein Schneckenhaus oder aus dem Haus rennt, wütend die Tür hinter sich zuschlagend.

Was in der Familie passiert, das kann auch in der christlichen Gemeinde, in der Kirche, am Arbeitsplatz, in der Schule und unter Freunden geschehen. Wenn dem so ist, haben wir hier und jetzt die Chance, darüber nachzudenken, uns zu überlegen, wie es dazu gekommen ist und was jeder von uns tun kann, um wieder auf den anderen zuzugehen, sie oder ihn um Verzeihung zu bitten und auch Verzeihung zu schenken, dass sie oder er sich wieder getraut, heimzukommen.
Wir wollen Gott dabei nicht ausschließen, sondern bewusst mit hereinnehmen und auch unsere Beziehung zu ihm überprüfen.
So wollen wir diese Versöhnungsfeier beginnen:
Im Namen des Vaters ...

Lied

Lass uns in deinem Namen, Herr ... (Troubadour 734)

Hinführung zur Bibelstelle

Im Lukasevangelium werden uns im 15. Kapitel Stationen geschildert, wo einer von zu Hause auszieht und dann gerne wieder heimkommt, wo ein anderer darunter leidet, dass Verstehen untereinander momentan nicht möglich ist, aber immer versucht, das Gespräch nicht abreißen zu lassen; und auch die Situation wird geschildert, wo einer sich verweigert und nur auf sein Recht pocht, nicht verzeiht und gar nicht einsieht, dass er von der Verzeihung seines Vaters und Bruders lebt.
Hören wir also jetzt diese Geschichte:

Evangelium

Lk 15,11–32

Lied

Schon früh am Morgen ritt ich los ... (Troubadour 633)

Besinnungsgespräch in Untergruppen in verschiedenen Räumen

(ca. 20–30 Minuten)

Kinder – Jugendliche – Erwachsene

Lied

(nach der Rückkehr aller in die Kirche:)

Wenn einer zu reden beginnt ... (Troubadour 296)

Ja, wenn einer zu reden beginnt ... Wenn einer den ersten Schritt hin zum anderen macht ... wenn einer die Hand zur Versöhnung ausstreckt – dann ... ja dann fühlen wir uns daheim, aufgenommen, wahrgenommen und geliebt. Und manchmal braucht es gar nicht viel, manchmal braucht es nur kleine Schritte:

Text

(zwei Lektorinnen/Lektoren im Wechsel)

1. Wir loben die kleinen Schritte
   Den Mann, der das voreilige Wort nicht ausspricht.
   Die Stimme, die sagt: Pardon, ich bin schuld.
   Die über den Zaun des lästigen Nachbarn gestreckte Hand.

2. Wir loben die kleinen Schritte.
   Die Faust in der Tasche.
   Die nicht zugeschlagene Tür.
   Das Lächeln, das den Zorn wegnimmt.

1. Wir loben die kleinen Schritte.
   Das Gespräch der Regierungen.
   Das Schweigen der Waffen.
   Die Zugeständnisse in den Verträgen.

2. Wir loben die kleinen Schritte.
   Die Stunde am Bett des Kranken.
   Die Stunde der Reue.
   Die Minute, die dem Gegner recht gibt.

1. Wir loben die kleinen Schritte.
   Den kritischen Blick in den Spiegel.
   Die Hoffnungen für den anderen.
   Den Seufzer über uns selbst.

RUDOLF OTTO WIEMER

»Wir loben die kleinen Schritte zum Frieden.
Den kritischen Blick in den Spiegel.
Die Hoffnungen für den anderen.
Den Seufzer über uns selbst.«
So wollen wir alle aufstehen und dazu stehen, dass auch ich, du und sie, dass auch wir mit beigetragen haben, dass Unfriede, Streit und Lieblosigkeit in der Familie, in der Gemeinde und auf der ganzen Welt herrschen. Wir wollen Gott und uns gegenseitig um Verzeihung bitten:

Gemeinsames Schuldbekenntnis

Vergebungszuspruch

Am Bild des Barmherzigen Vaters zeigt uns Jesus, dass Gott immer und jederzeit ohne große Vorbedingungen bereit ist, uns zu verzeihen. Und dass es ihm ein Herzensanliegen ist, dass auch wir uns untereinander vertragen, akzeptieren, dass wir verzeihen und um Verzeihung bitten. »Der allmächtige Gott erbarme sich unser ...«
Machen wir nun den Schritt auf den anderen zu und schließen mit ihm Frieden, weil auch Gott mit uns Frieden geschlossen hat.

Austausch des Friedensgrußes

Versöhnt mit Gott und untereinander dürfen wir als Schwestern und Brüder gemeinsam zu unserem Vater beten, wie Jesus es uns gelehrt hat:

Vaterunser

Unsere Verbundenheit wird dadurch unterstrichen, dass wir uns gegenseitig an die Hand nehmen. Wir beten gemeinsam: Vater unser ...

Segensgebet

Unser Gott – wie ein großzügiger, barmherziger Vater,
unser Gott – wie eine zärtlich liebende Mutter,
er begleite euch zu Hause und in der Ferne.
Er führe euch stets zusammen und zeige euch immer wieder
Möglichkeiten zum Frieden und zur Versöhnung auf.
Er mache euch erfinderisch, immer wieder Schritte
aufeinander zu zugehen.
Gott, der euch immer heimkommen lässt zu ihm,
der sich freut, wenn auch ihr gerne bei ihm seid,
Gott segne euch, damit auch ihr füreinander zum Segen werdet.
Gott, der Vater, Gott, der Sohn, Gott, der Heilige Geist! Amen.

Entlassgruß

So gehet hin in Frieden!

Lied

Uns verpflichtet das Wort: gehet in Frieden ... (Troubadour 283)

Schlussgedanke

Und zum Schluss ein Rat vom hl. Augustinus:
Miteinander reden und lachen
sich gegenseitig Gefälligkeiten erweisen
zusammen schöne Bücher lesen
sich necken
dabei aber auch einander sich Achtung erweisen
mitunter sich auch streiten ohne Hass
so wie man es wohl einmal mit sich selbst tut
manchmal auch in den Meinungen auseinander gehen
und damit die Eintracht würzen
einander belehren und voneinander lernen
die Abwesenden schmerzlich vermissen
die Ankommenden freudig begrüßen
lauter Zeichen der Liebe und Gegenliebe
die aus dem Herzen kommen
sich äußern in Miene, Wort
und tausend freundlichen Gesten
und wie Zündstoff den Geist in Gemeinsamkeit entflammen
so dass aus den Vielen eine Einheit wird

AUGUSTINUS, BEKENNTNISSE

Orgelspiel zum Auszug

Fröhliche Improvisation über das Schlusslied

AN DEN KREUZUNGEN UNSERES LEBENS
Jugendkreuzweg

Vorbereitung

Meditationsmusik

CD-Player

Teelichter im Glas für die Teilnehmer/innen

Gitarrenspieler

1. *Station:* Waschschüssel, mehrere weiße Handtücher, brennende Kerze, Plakat mit Text der Station
2. *Station:* Aktionsplakat gegen Rassismus und Fremdenfeindlichkeit (zu bestellen bei: Bischöfliches Jugendamt der Diözese Rottenburg-Stuttgart, Postfach 1229, 73242 Wernau), brennende Kerze, Plakat mit Text der Station
3. *Station:* brennende Kerze, Plakat mit Text der Station
4. *Station:* leeres Plakat, Filzstifte, Holzkreuz, Hammer, Nägel, brennende Kerze, Plakat mit Text der Station
5. *Station:* brennende Kerze, Plakat mit Text der Station
6. *Station:* brennende Kerze, Plakat mit Text der Station
7. *Station* (Kapelle): Zündhölzer, Brot, Saft

Vorbemerkung

Jugendliche kommen einzeln oder in kleineren Gruppen in die abgedunkelte Kirche; sie werden eingeladen, im Chorraum Platz zu nehmen, nur auf dem Altar und an den einzelnen Stationen brennen Kerzen, leise meditative Musik spielt im Hintergrund, Teelichter im Glas stehen in genügender Anzahl bereit.

Begrüßung

Willkommen zum Kreuzweg. Mit dem Kreuzzeichen wollen wir ihn beginnen: Im Namen des Vaters ...

Dieser Kreuzweg steht unter dem Thema: An den Kreuzungen unseres Lebens.

Wir stehen oft an Kreuzungen, wenn wir von da nach dort wollen, wenn verschiedene Straßen oder Wege sich kreuzen. Da müssen wir uns entscheiden, welche Richtung wir einschlagen, wohin wir gelangen wollen.

Ihr seid aus verschiedenen Richtungen hierher gekommen von ... oder ... oder gar ...

Eure Wege haben sich hier gekreuzt, hier in der Kirche. Und hier kreuzt sich unser aller Weg mit dem Kreuzweg Jesu.

Wir wollen diesen Kreuzweg nachgehen, überlegen, wo wir Ähnliches erfahren haben wie Jesus, wie uns dabei zumute war und wo wir gleich oder ganz anders gehandelt haben.

Ich lade euch ein, dass jeder allein diesen Weg geht – sich mit dem Kreuzweg Jesu auseinander setzt – sich ihm aussetzt.

Jeder entscheidet selbst, wann er losgeht.

Lasst bitte jeweils einen bestimmten Zeitabstand! Nehmt hier ein Teelicht, zündet es an einer Altarkerze an und geht los – von Station zu Station! An jeder Station brennt eine Kerze, so dass der entsprechende Text auf dem Plakat gut lesbar ist.

Zu Beginn aber singen wir gemeinsam:

Lied

Den Weg wollen wir gehen (Troubadour 731)

Nun kann man losgehen!

1. Station: Pilatus wäscht seine Hände in Unschuld

Vor allen Anwesenden wäscht Pilatus seine Hände in Unschuld.
»Ich bin nicht schuld«. Mit dem Mord an Jesus will ich nichts zu tun haben.
Geht es dir nicht auch manchmal so?
Was gehen mich die Klassenkameraden, die Arbeitskollegen an, die gehänselt, ausgelacht, verspottet, ins Abseits gestellt werden?
Die sind selber schuld! Ich – ja – ich bin nicht schuld!
»Ich wasche meine Hände in Unschuld.«

Wasche nun deine Hände in dem bereit gestellten Wasser!
Trockne sie mit dem Handtuch ab
und denke an Stationen in deinem Leben,
in denen du so oder so ähnlich gedacht hast!
Lege das Handtuch wieder zurück und gehe langsam weiter!

2. Station: Jesus fällt zum ersten Mal unter dem Kreuz – er geht in die Knie

Jesus geht in die Knie – nicht vor Pilatus, nicht vor Herodes.
Er geht in die Knie, weil ihm das Kreuz zu schwer wird.
In die Knie gehen Menschen, deren Probleme zu groß geworden sind, sie können es nicht mehr aushalten, die Last drückt sie nieder, sie brechen zusammen. In die Knie gehen Menschen, die unterdrückt werden, für die es schwer ist, weiterzugehen, weiterzuleben.
Keiner ist da – der aufhilft, weiterhilft!
Und doch – Jesus rafft sich auf, wankt weiter, will den Weg bis zum Ende gehen.
Wie geht es dir? Bist du oder warst du auch schon einmal in solch ei-

ner Situation, wo du am Boden warst, wo du am liebsten aufgegeben hättest und nicht mehr weiter wolltest?
Wer war da, der dir aufhalf? Wer gab dir Kraft, aufzustehen und weiterzugehen?

Schau dir das Plakat an und mach langsam eine Kniebeuge!
Vor wem gehst du in die Knie?
Denke an die Menschen in deiner Umgebung,
die Probleme haben, bedrückt sind, nicht mehr weiter wollen.
Überlege auch, was du eventuell tun könntest,
wie du ihnen Mut zusprechen könntest.
Steh langsam auf und geh weiter zur nächsten Station.

3. Station: Und Jesus fällt zum dritten Mal unter dem Kreuz
Jesus fällt einmal, zweimal, ja dreimal unter dem Kreuz.
Er schafft es nicht. Soll er liegen bleiben? Was soll das alles noch?
Es hat ja doch keinen Sinn!
Ging dir das nicht auch schon mal durch den Kopf?
In welcher Situation war das?
Es hat keinen Sinn mehr! Ich gebe auf! Ich hab keine Lust mehr,
es ist alles umsonst! Aus! Fertig!
Und wie oft hast du gehört: Mach nicht schlapp!
Lass dich nicht gehen! Du darfst nicht aufgeben!
Was oder wer hat dir dann wirklich geholfen?
Wie war dir da zumute?

Bleib einfach kurz stehen – und denk darüber nach, wie es ist, auf beiden Beinen stehen zu können, einen Standpunkt zu haben, nicht dauernd zu unterliegen, fertig gemacht zu werden!
Wie gehst du damit bei dir und anderen um?
Geh dann langsam weiter!

4. Station: Jesus wird ans Kreuz genagelt

Am Ende – auch das noch! Sie nageln ihn an – sie nageln ihn fest. Das tut weh, furchtbar weh! Das schmerzt! Sehr!
Von wem hast du eine ganz bestimmte schlechte Meinung? Wen hast du »festgenagelt?« Oder von wem wirst du selbst abgestempelt, bekommst keine Chance mehr, wirst »festgenagelt« auf ein bestimmtes Bild?
Spüre dem nach, wie weh das tut. Halte inne! »Festgenagelt« – so bist du eben! Ich kenne dich: in- und auswendig!

Schreib deine Gedanken und Gefühle auf das leere Plakat.
Nimm den Hammer und schlag einen Nagel in das Holzkreuz.
Geh ruhig weiter!

5. Station: Von Gott verlassen ...

»Mein Gott, mein Gott, warum hast du mich verlassen ...«
Dieser Schrei – wird er gehört? Hört Gott auf ihn – oder lässt Gott Jesus im Stich? Von allen Freunden verlassen – und auch von Gott? Ganz allein hängt er da – das ist letztlich noch schlimmer als der Tod. Hast du dich schon einmal allein gelassen, von Freunden verlassen gefühlt? Und hast du nicht auch schon einmal zu diesem Gott gebetet, gefleht, um Hilfe gerufen – und hat er geantwortet? Ja?

Setz dich in eine Bank und lass alles zu, was hochkommt!
Nimm dir Zeit!
Nach einer Weile geh ruhig weiter!

6. Station: Jesus wird ins Grab gelegt

Jetzt hat er endlich seine Ruhe! Und: Was tot ist, ist tot. Aus – Schluss – fertig! Da ist nichts mehr zu machen!
Der ist für mich gestorben! Mit dem will ich nichts mehr zu tun haben! Unsere Beziehung ist tot! Und letztendlich ist da auch in mir etwas gestorben, tot: die Beziehung.
Wer ist für dich gestorben? Welche ehemals gute Beziehung ist tot? Warum? Leidest du darunter? Was müsste passieren, dass sich das ändert? Was könntest du dafür tun?

Blas das Teelicht aus und geh langsam durch das Dunkel
in der Kapelle.
Such dir einen Platz, setz dich und halte dein Teelicht in der Hand!
Warte, bis alle in der Kreuzkapelle zusammen sind!

7. Station: »Wahrlich dieser Mensch war Gottes Sohn!«

Das sagt kein so genannter Frommer, kein Hundertprozentiger! Der das sagt, war der römische Hauptmann, ein so genannter Heide. Er war diesem Jesus begegnet. Sein Weg hat sich mit dessen Weg gekreuzt. Er hat ihn erlebt als einen, der bis zum Ende zu dem stand, was er gelehrt hatte: Liebe. Diese Liebe zu den Menschen und diese Liebe zu Gott, seinem Vater: Diese Liebe hat ihm das alles zugemutet, Mut gemacht, bis zum Ende zu gehen. Und diese Liebe war letztend-

lich stärker als der Tod. Diese Liebe durfte nicht sterben, weil dann wirklich alles aus, umsonst, ist.
Alles umsonst! So haben wir alle, die diesen Kreuzweg gegangen sind, erfahren, dass es manchmal Situationen gibt, wo zu leben schwer fällt. Und dass es manchmal lebensentscheidend ist, wem wir begegnen, mit wem sich unser Weg kreuzt. In diesem Menschen von Nazaret hat Gott sich selbst uns zu erkennen gegeben; er hat sich uns nicht nur mit Worten, sondern durch sein ganzes Leben als der Gott mit uns und für uns zu erkennen gegeben. Und deshalb ist das Kreuz zum Zeichen der Liebe Gottes zu uns und der Liebe der Menschen untereinander geworden.
Und überall, wo sich unsere Wege kreuzen – mit Gott oder mit den Menschen – hier im Gottesdienst oder im Alltag, auf der Kreuzung unseres Lebens –, überall dort sollen wir uns in Liebe, Respekt und Rücksicht begegnen.

Wir zünden unsere Teelichter wieder an.
Wir bringen Brot und Saft hierher, brechen dieses Brot und teilen den Saft aus, essen und trinken miteinander und teilen uns eventuell unsere verschiedenen Erfahrungen mit diesem Kreuzweg mit.

Lied

Steht auf vom Tod ... (Troubadour 205)

Segenswunsch

Im Zeichen des Kreuzes sind wir uns begegnet.
Im Zeichen des Kreuzes gehen wir wieder auseinander.
Im Zeichen des Kreuzes segne uns Gott.
Er gehe mit uns und begleite uns.

Jesu Weg kreuzte die Wege der Menschen, wurde zum Kreuzweg.
So bleibe er uns nahe und helfe uns, unser Kreuz zu tragen,
damit auch wir anderen helfen können, das Kreuz zu tragen.
Er führe uns seine Wege, seine Wege zum Leben.

So segne euch Gott, der Vater ...

Zum Abschluss

Musik zum Ausklang und Einladung, noch zu bleiben.

HEILIGE WOCHE

BEGEISTERUNG – SCHLÄGT UM SICH

Familiengottesdienst am Palmsonntag

Vorbereitung

Zwei Bläser

Weihwasser

Stabpuppen

Olivenzweige oder Buchsbaum

Palmstecken

An zwei Nachmittagen einladen zum Stabpuppen-Basteln.

Mitzubringen sind:

❒ Kleiderbügel

❒ verschiedenfarbige Wollreste

❒ alte Nylonstrümpfe

❒ Knöpfe für die Augen

❒ Borden

❒ Stoffreste,

❒ alte Vorhänge

❒ Scheren

vom Team zu besorgen sind:

❒ Holzstäbe

❒ Klebstoff

❒ Blumendraht

Alle versammeln sich auf dem Kirchplatz – Begrüßung
Zwei Bläser kündigen mit einer Fanfare das Kommen einer hohen Persönlichkeit an.
Frage an die Kinder: War das damals auch so?
Wie das war, erzählt das Evangelium:

Evangelium
Lk 19,28–40 (Einzug in Jerusalem)

Hinführung zur Prozession
Was damals geschah, soll auch heute geschehen. Kinder, Jugendliche und Erwachsene sind hier versammelt. Jesus will in unserer Gemeinde einziehen. Deshalb werden wir zunächst die mitgebrachten selbstgebastelten Palmstecken und die Olivenzweige (den Buchsbaum) segnen und dann feierlich in die Kirche einziehen.

Segnung der Palmstecken und der Olivenzweige

Einzug in die Kirche
(Alle Glocken läuten – brausendes Orgelspiel – Kinder mit Stabpuppen und Palmzweigen ziehen nach vorne um den Altar)

Lied
(Erst wenn alle in den Bänken sind, damit alle mitsingen können)

Gebet
Jesus! Du bist wirklich ein König, aber ganz anders als alle anderen Könige. Du bist wahrlich ein »König der Herzen der Menschen«. Dir wollen wir unser Herz öffnen. Zieh darin ein und lass uns so werden wie du, der du lebst und liebst in alle Ewigkeit. Amen.

Lied

(des Kinderchores)

Jesus zieht in Jerusalem ein ...

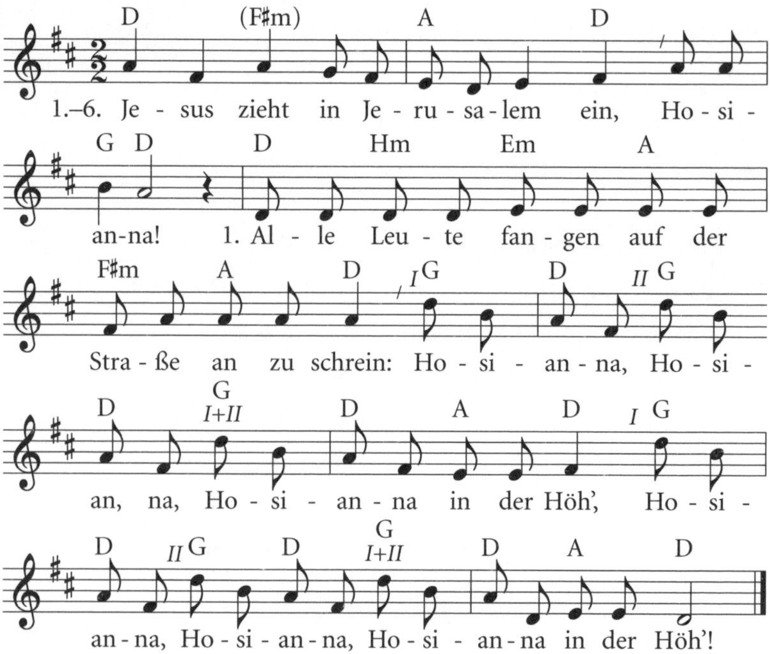

2. Seht er kommt geritten, auf dem Esel sitzt der Herr.
3. Kommt und legt ihm Zweige von den Bäumen auf den Weg.
4. Kommt und breitet Kleider auf der Straße vor ihm aus!
5. Alle Leute rufen laut und loben Gott, den Herrn!

Text und Melodie: Gottfried Neubert. Aus: 111 Kinderlieder zur Bibel,
Verlag Ernst Kaufmann, Lahr/Christophorus-Verlag, Freiburg

(Beim Hosianna dürfen die Kinder jeweils ihre Palmstecken in die Höhe heben.)

»Zurufe der Stabpuppen« statt Fürbitten

Zachäus: Jesus, die Menschen wollten dich als König,
weil du mir und allen das, was sie Böses getan haben,
verziehen hast.
Jesus, du sollst unser König sein, weil du auch uns
verzeihst und uns zum Verzeihen anstiftest.

Bartimäus: Jesus, die Menschen wollten dich als König,
weil du Blinde wieder sehend gemacht hast.
Jesus, du sollst unser König sein, weil wir die Schönheiten dieser Welt mit unseren Augen sehen können.

Jonathan: Jesus, die Menschen wollten dich als König,
weil du damals alle satt gemacht hast.
Jesus, du sollst unser König sein,
weil wir hier alle satt sind.
Leite uns an, unser Brot, wie damals,
mit den Hungrigen zu teilen.

Petrus: Jesus, die Menschen wollten dich als König,
weil du sie aus dem Meeressturm gerettet
und ihnen die Angst vor dem Tod genommen hast.
Jesus, du sollst unser König sein, weil du auch in Not
und Gefahr uns nahe bleibst.

Kind: Jesus, die Menschen wollten dich als König,
weil du nach einem langen anstrengenden Tag Zeit
hattest für die Kinder, sie auf den Arm nahmst
und sie segnetest.
Jesus, du sollst unser König sein, weil du ein Freund
der Kinder und aller Menschen bist.

Gebet

Ja, Jesus, du sollst unser König sein.
Denn du hast wirklich ein Herz für uns Menschen.
Du lädst uns jetzt sogar ein, mit dir Mahl zu halten.
Wir erinnern uns dabei an das letzte Mahl,
dass du mit deinen Jüngern gehalten hast.
Einer von ihnen hat dich verraten,
einer wollte nichts mehr von dir wissen
und kannte dich nicht mehr;
alle außer einem haben dich im Stich gelassen.
Sei du jetzt unter uns und lass du uns nicht allein.
Darum bitten wir dich, Jesus, Amen.

Lied zum Sanctus

Großer Gott, wir loben dich, 2–3 (GL 257)

Zum Friedensgruß

Nicht auf einem edlen Pferd, sondern auf einem Lasttier zieht Jesus in Jerusalem ein.
Er macht uns deutlich, dass er nicht über uns herrschen, sondern uns wie beim letzten Abendmahl sein ganzes Leben lang dienen will.
Sein Friede sei allezeit mit euch!

Lied zur Kommunion

Macht hoch die Tür, 4–5 (GL 107)

Hinweis nach der Kommunion

Aus so einem Palmzweig kann man leicht eine Rute machen *(vormachen)*, man kann dreinschlagen, draufschlagen, verletzen.

Meditation

»Hosanna« haben sie begeistert geschrien,
»Hosanna, dem Sohne Davids!«
Nicht lange hat es gedauert, da schrien sie:
»Ans Kreuz, ans Kreuz mit ihm.«
Aus der Begeisterung wurde Hass, tödlicher Hass.
Schnell ist einer erledigt, abgeschrieben, gestorben,
wenn er nicht mehr die Erwartungen erfüllt, die Leistungen bringt.
Schnell wird aus dem Beifall Verachtung,
gnadenlos ist das Spiel der Masse,
gnadenlos das Spiel auf Leben und Tod.
Gott sei Dank, nur bei den Menschen, nicht bei Gott.

Lied (eventuell mit Kinderchor)
Ihr Freunde lasst euch sagen ...
(siehe nächste Seite)

Gebet

Jesus, du bist wirklich ein König, aus königlichem Geschlecht,
mit königlicher Haltung!
Wo Menschen dich hassen, da liebst du sie.
Wo Menschen dich verachten, da kümmerst du dich um sie.
Wo Menschen dich verurteilen, da verzeihst du ihnen.
Und wo Menschen dir den Tod wünschen, da schenkst du ihnen ewiges Leben.
Jesus, schenk uns allen hier von dieser edlen königlichen Gesinnung!
Dann tragen wir auch mit Recht deinen Namen,
dann sind wir auch glaubwürdig als Christen,
dann sind wir auch wirklich Zeugen deines Königtums. Amen.

Ihr Freunde lasst euch sagen ...

2. Ihr Freunde, lasst euch sagen: Er hat das Kreuz getragen.
Uns ist das Herz so schwer, und er ist unser Herr ...

3. Ihr Freunde, lasst euch sagen: Er war ans Kreuz geschlagen.
Das Kreuz war hart und schwer, und er ist unser Herr ...

4. Ihr Freunde, lasst euch sagen: Er hat den Tod ertragen.
Uns ist das Herz so schwer, und er ist unser Herr ...

5. Ihr Freunde, lasst euch sagen: Er hat den Tod geschlagen.
Den Tod besiegte er, so stark ist unser Herr ...

Text: Rolf Krenzer; Musik: Pau. G. Walter

Einladung

Einladung zur Feier des Gründonnerstags, des Karfreitags und der Osternacht.

Segenswunsch

Gott, der ganz Andere,
der ganz anders ist als wir,
der ganz anders ist, als wir ihn erwarten.
Größer – er machte sich klein.
Stärker – er wurde schwach.
Gewaltiger – er sprach kein einziges Wort der Vergeltung.
Gott, der ganz Andere,
der solidarisch war mit den Schwachen,
der frei war und sich binden ließ,
der uns ein Beispiel gab, nicht zu herrschen, sondern zu dienen.
Er zeige uns, wie man die Welt verwandelt.
Er zeige uns, wie man mit Liebe diesem Hass begegnet.
Er segne uns und bleibe uns stets Freund, Bruder und
der ganz Andere:
der Vater – der Sohn – und der Heilige Geist.
Amen.

(Ohne Orgelspiel geht die Gemeinde aus der Kirche.)

BEGREIFT IHR ES ÜBERHAUPT?
Abendmahlsfeier am Gründonnerstag

Vorbemerkung

Händewaschung statt Fußwaschung

Immer wieder werden Alternativen in den liturgischen Zeitschriften diskutiert, verworfen und neu entdeckt. Unter allen diesbezüglichen Vorschlägen stellt die Händewaschung nach dem Evangelium wegen ihrer Alltagserfahrung und ihres inneren Bezuges zum Essen eine denkbare Alternative dar. Das Händewaschen ist bei uns üblich wie damals in Israel die Fußwaschung. Unüblich ist aber, dass ein anderer einem die Hände bzw. die Füße wäscht. Das ist in der Tat ungewöhnlich und daran kann man sich nicht sofort gewöhnen (s. Petrus).

Vorbereitung

Die Kirche ist dezent beleuchtet.

Einladung an alle liturgischen Dienste (Chorsänger, Ministranten, Lektoren, Kommunionhelfer, Kantoren)

Cellospieler (Das Cellospiel ist bewusst ausgesucht, weil das Cello auf der einen Seite eine »ernste Stimmung« erzeugt, aber gleichzeitig auch eine »feierliche Atmosphäre« vermittelt.)

Altartuch, Altarkerzen, die Gaben sind auf der Kredenz,
zwei Waschschüsseln und vier weiße Handtücher.

Großer Einzug aller liturgischen Dienste

(meditatives Cellospiel)

Begrüßung

»Kommt doch einfach zum Essen«, so laden Freunde sich gegenseitig ein, ob ein Anlass besteht oder nicht. Man will mit denen zusammen sein, mit denen man sich versteht. Man isst und trinkt, tauscht sich aus, teilt sich mit. Man fühlt sich verbunden und pflegt die Freundschaft. So war es auch bei Jesus an jenem Abend, als er Abschied nehmen musste. Er lud seine Freunde zum Mahl ein: »Mit großer Sehnsucht habe ich danach verlangt mit euch zu speisen, bevor ich leide.« Er hat einen Anlass. Er will ihnen nahe sein und über den Tod hinaus verbunden bleiben, in einer ganz einzigartigen intensiven Weise. Auch heute tut er es. Er lädt uns alle hier zum Mahl und will uns damit deutlich machen, wie sehr er uns liebt.

Kyrie

Du ruft uns, Herr (GL 523)
(Kantor – Gemeinde)

Vergebungsbitte

Nichts soll uns von Gott und voneinander trennen. Wir alle sind hineingenommen in die große Mahlgemeinschaft mit ihm. Er erbarme sich unser und führe uns zum ewigen Gastmahl, das er für alle bereitet hat, die ihn lieben.

Gloria

Allein Gott in der Höh ..., 1–2 (GL 457)

Gebet

Gott, in deinem Sohn Jesus Christus hast du uns ein neues Gebot gegeben. Wie du uns geliebt hast, so sollen auch wir füreinander da sein und uns lieben. Du weißt, es ist nicht immer leicht. Hab Geduld mit uns, und versage uns nie deine Liebe, auch wenn wir manchmal versagt haben.
So bitten wir dich, der du lebst und liebst jetzt und in Ewigkeit.

1. Lesung

Ex 12,1–8.11–14
dazwischen ruhiges Cellospiel

2. Lesung

1 Kor 11,23–26

Ruf vor dem Evangelium

Ubi caritas et amor (Troubadour 362 F)
(Kantor – Gemeinde)

Evangelium

Joh 13,1–15

Predigt

Heute Abend ist zunächst die Stunde des Dankes. Dank an alle liturgischen Dienste, aber auch an alle, die sich in irgendeiner Weise in unserer und für unsere Gemeinde einsetzen. Allzu oft bleibt ihnen die notwendige Anerkennung versagt. Anerkennung, Dank und Bestätigung finden heute aber ihren Höhepunkt in der Einladung Jesu an sie alle. Sein Tun heute Abend, sein Leben und Sterben gipfelt bei der Eucharistiefeier in den Worten »für euch«. Ja, all das tut er

für uns. Sein Beispiel soll uns ermutigen und anregen. Wir bekommen vielfach zurück, was wir selbst an Zeit, an Mühe, an Enttäuschung und Frust eingesetzt haben. Gott dankt uns nicht auf irgendeine billige Art und Weise. Er feiert mit uns Eucharistie, die große Danksagung. Er lädt uns zu Tisch und er schenkt sich uns als Speise. Zuvor aber müssen wir uns etwas gefallen lassen. Wir müssen uns von ihm die Füße bzw. die Hände waschen lassen. In eindrucksvoller Weise versetzt er sich in unsere Lage, wenn wir uns manchmal als der letzte Dreck vorkommen, wenn sich andere von uns nur noch bedienen lassen. Er selbst wäscht uns die Füße, die Hände. Er tut es freiwillig und drückt damit aus: Es macht mir nichts aus, euch den Dreck abzuwaschen von eurer Seele, den Frust, den Ärger, den Undank. »Der Größte unter euch soll euer Diener sein.« In einer großartigen Weise zeigt Jesus seine einzigartige Größe. Er macht sich klein vor uns, um uns nicht zu beschämen. Und er hinterlässt uns sein Testament: »Liebt einander, wie ich euch geliebt habe«. Er verlangt von uns nichts, was er nicht bereits in seinem Leben und durch seinen Tod für uns getan hat.
So kommt nun! Lasst euch die Hände abwaschen vom Staub der Arbeit füreinander. Jesus selbst wird es tun.

Händewaschung

(Priester und Diakon waschen die Hände; zwei Helfer/innen trocken sie ab, die Gemeinde kommt nach vorne, dazu Cello- und Orgelspiel.)

Gebet am Ende der Waschung

»Begreift ihr, was ich euch getan habe? Das ist deine Frage, Jesus, an die Apostel damals, an uns hier und jetzt.
Schenke uns die innere Genugtuung, dass wir etwas davon begriffen haben, wenn wir füreinander da sind und uns im Dienst aneinander ein Beispiel an dir nehmen.
Denn dein Leben und Sterben ist ein einzigartiger Dienst an uns Menschen, ein echter Gottesdienst. Amen.
So lasst uns jetzt den Altartisch decken und alles vorbereiten zum Mahl, zu dem Jesus selbst uns alle einlädt.

(Kommunionhelfer/innen decken den Tisch, Ministrantinnen und Ministranten bringen Kelch und Schale, Lektoren das Messbuch und die Altarleuchter.)

Lied

Beim letzten Abendmahle, 1–3 (GL 537)

Kanon der Gemeinde

Nach: Das ist ein Geheimnis des Glaubens ...
»Wir preisen deinen Tod, wir glauben, dass du lebst ...«

Vaterunser

(Wir reichen uns beim Vaterunser die Hände und bringen unsere Verbindung zu Gott und untereinander zum Ausdruck.)

Friedensgruß

Ja, dein Reich und deine Herrlichkeit leuchten schon jetzt unter uns auf, wenn wir füreinander da sind und uns gegenseitig dienen. Wenn wir nach manchem Missverständnis bereit sind, einander die Hand zum Frieden zu reichen, dann wird jener Friede unter uns sein, den Jesus uns verheißen hat und den wir uns heute Abend besonders wünschen:
Der Friede ...

Kommunion

Kommunion unter beiderlei Gestalten,
dazu ruhiges Cello- und Orgelspiel

Lied

Bewahre uns, Gott (Troubadour 335)

Dankgebet

Gott, wir danken dir, besonders aber danken wir dir heute für deinen Sohn, unseren Herrn und Bruder. Er hat sich uns geschenkt und uns ein Beispiel gegeben, damit auch wir tun, was er uns getan hat. Gib uns die Entschlossenheit und den Mut dazu. Amen.

Danach:
Kein Segen, aber Einladung zur Karliturgie,
Einladung zum Bleiben und zum Wachen, anschließend Abräumen des Altares in Stille, die Kirche wird abgedunkelt.

Kanon der Gemeinde

Bleibet hier und wachet mit mir, wachet und betet! (Taizé)

KREUZ – WORT – RÄTSEL
Liturgie am Karfreitag

Stiller Einzug – niederknien auf den unteren Stufen

Gebet

Jesus, Bruder und Gott!
Deinen Weg wollen wir betrachten und mit dem Querbalken deines Kreuzes Brücken bauen – Brücken über die Abgründe des Hasses, über die Klüfte des Neides, über die Niederungen der Selbstsucht, über die Meere der Sünde.
Verbinde du mit deinem Kreuz, was uns von dir und voneinander trennt. Hilf uns, dass wir nicht nur andächtig deinen Weg betrachten, sondern nimm uns mit auf deinen Weg. So werden wir die Menschen betrachten wie du, nicht von oben herab, nicht von der Seite her, sondern auf Augenhöhe, von gleich zu gleich, als Schwestern und Brüder, Kinder unseres gemeinsamen Vaters.
Dann wird auch unser Glaube an dich uns Wege aufzeigen, Perspektiven eröffnen, Zukunft gewähren, Leben schenken.

Lesung

Jes 52,13 – 53,12 (Gottesknechtlied)

Lied

O Haupt voll Blut und Wunden, 1–3 (GL 179)

Passionsgeschichte

Joh 18,1–19,42

(Drei Lektorinnen und Lektoren in verteilten Rollen, zwischen den Absätzen Harfenspiel zum Nachdenken und Nachsinnen)

Kreuzverehrung

(Ankündigung: während der Kreuzverehrung Harfenspiel)

Der Höhepunkt des Karfreitags ist die Kreuzverehrung. Denn »im Kreuz ist uns Heil, im Kreuz ist uns Leben und Hoffnung«.
Ich bitte Sie deshalb, nach mir an das Kreuz heranzutreten, vor ihm niederzuknien oder sich tief zu verneigen und dabei die Hand auf den Kreuzesbalken zu legen und anschließend das Zeichen des Kreuzes über sich selbst zu machen.

Die großen Fürbitten des Karfreitags

Z: Angesichts des Kreuzes unseres Herrn und Bruders Jesus Christus, kann uns all das Leid in unserer Welt nicht unberührt lassen. So stellen wir uns diesem Leid, der Not und dem Elend dieser Welt und bitten:

L: Lasst uns beten für den Bischof von Rom, Papst Johannes Paul II., für unseren Bischof ... für unsere Priester und Diakone, für alle haupt- und ehrenamtlichen Mitarbeiterinnen und Mitarbeiter unserer Gemeinde.
Lasst uns aber auch beten für all die Frauen, denen noch immer Leitungsämter in der Kirche verwehrt sind,
und lasst uns beten für die laisierten und verheirateten Priester, die ihren priesterlichen Dienst in unserer Kirche aufgegeben haben.

K: Lasset zum Herrn uns beten:
A: Herr, erbarme dich ... (GL 358,3)
Z: Herr, unser Gott, an dich glauben heißt, so wie du zu handeln.
Darum bitten wir dich:
Gib uns Gelassenheit, Vertrauen und auch Mut, deinen Weg zu wagen. Denn dein Sohn hat sich nicht gescheut, sich mit den Ausgegrenzten und Verachteten an einen Tisch zu setzen. Hilf uns allen, Mauern einzureißen und Brücken zu bauen, Gräben zuzuschütten und Wege zueinander zu finden.
So bitten wir durch Jesus Christus, unseren Herrn.
A: Amen.

L: Lasst uns auch beten für die Juden, an denen die christlichen Kirchen und unser deutsches Volk so sehr schuldig geworden sind: dass eine Versöhnung mit ihnen gelingen möge. Aus ihrem Volk ist dein Sohn, unser Herr und Bruder, Mensch geworden und in ihrer Glaubenstradition ist er herangewachsen. Zu ihnen hast du zuerst gesprochen durch die Propheten und deine Verheißungen für sie gelten auch heute noch und für immer.
K: Lasset zum Herrn uns beten:
A: Herr, erbarme dich ...
Z: Herr, unser Gott, du bist der Gott Abrahams, Isaaks und Jakobs und auch unser Vater.
Hilf uns, den Zusammenhang zwischen deinem Alten und Neuen Bund tiefer zu verstehen.
Schenke uns Ehrfurcht vor der besonderen Berufung des Volkes Israel und vergib uns, was wir als Christen an Juden gesündigt haben.
Lass das heutige Israel mit seinen arabischen Nachbarn in Frieden und Gerechtigkeit leben.

So bitten wir durch Jesus Christus, unseren Herrn.

A: Amen.

L: Lasst uns auch beten für die von uns getrennten Schwestern und Brüder in den anderen christlichen Kirchen,
für die Bischöfe und Kirchenleitungen,
für den Ökumenischen Rat in Genf,
aber auch besonders für die evangelische Kirchengemeinde in unserer Stadt/unserem Ort,
für all die Menschen, die unter der Trennung leiden,
für Ehepaare und Familien, für die, die durch die Spaltung der Kirchen in ihrem Glauben an dich unsicher geworden sind,
und für die, die aus den kirchlichen Gemeinschaften ausgetreten sind.

K: Lasset zum Herrn uns beten:

A: Herr, erbarme dich ...

Z: Herr, unser Gott, wir kennen die Weisung deines Sohnes:
»Lass sie eins sein wie du, Vater, in mir und ich in dir, dass sie eins seien in uns.«
Wir bitten dich:
Lass nicht zu, dass wir uns mit dem Skandal der Uneinigkeit abfinden, sondern schenke uns Ausdauer und Zuversicht, immer wieder neue Brücken zu den anderen christlichen Kirchen zu bauen, mag es auch manchmal Kreuz, Ärger und Leiden an der eigenen Kirche kosten.
Lass uns Zeugen der Einheit in der Vielfalt sein, und schenke uns Kreativität für das Gemeinsame, aber auch Feingefühl für die Eigenheiten und Ausdrucksformen der anderen Kirchen.
So bitten wir durch Christus, unseren Herrn.

A: Amen.

L: Lasst uns beten für alle, die in Gefahr sind, sich gegen ihre Mitmenschen zu verschließen und zu vereinsamen:
für die Eheleute, die einander fremd geworden sind und sich getrennt haben,
für die Eltern, die ihre Kinder nicht mehr verstehen und nichts mehr von ihnen wissen wollen,
für die Kinder, die oft zerrissen sind in ihrer Liebe zu Vater und Mutter und oft ohne die Geborgenheit eines Zuhauses aufwachsen müssen,
für die Jungen und Mädchen, denen das Leben bereits nichts mehr zu sagen hat,
für die ungeborenen Kinder, die unerwünscht sind und denen das Recht auf Leben verweigert wird.

K: Lasset zum Herrn uns beten:

A: Herr, erbarme dich ...

Z: Herr, unser Gott, wie viele Menschen haben Sehnsucht nach Geborgenheit und Liebe und wie viele Menschen leben auf Kosten anderer.
Wir bitten dich:
Sei du ihnen nahe und gib uns die Kraft und den Mut, uns in der Kraft deiner Liebe den Menschen zuzuwenden, ihnen zu helfen, die Enttäuschung und die Trauer über den Verlust eines geliebten Menschen anzunehmen und sie auf ihrem Lebensweg zu begleiten.
So bitten wir durch Christus, unseren Herrn.

A: Amen.

L: Lasst uns beten für alle Kranken,
für alle körperlich und geistig Behinderten,
für alle, die schon jahrelang an den Rollstuhl oder ans Bett gefesselt sind,

für die, denen keiner mehr medizinisch helfen kann, die dahinsiechen und doch nicht sterben können,
für alle, die sich selbst hassen und sich nicht mit ihrem Lebensschicksal abfinden können.

K: Lasset zum Herrn uns beten:

A: Herr, erbarme dich ...

Z: Herr, unser Gott, du kennst einen jeden bei seinem Namen und dich rührt das Leid aller Kranken.
Wir bitten dich:
Lass uns nicht nur auf die Medikamente und medizinischen Geräte vertrauen, sondern schenke unseren Kranken aufmerksame Ärzte, geduldiges Pflegepersonal und viele Mitmenschen, die sich liebevoll um sie kümmern.
Gib uns allen Kraft, mit Geduld und Einfühlungsvermögen den Kranken zu begegnen und sie auch auf ihrem letzten Weg zum Tod nicht allein zu lassen, sondern sie zu begleiten.
So bitten wir durch Christus, unseren Herrn.

A: Amen.

L: Lasst uns beten für alle Regierungen dieser Erde,
für die Völker Europas in Nord und Süd, in Ost und West,
dass sie zu einer friedlichen Staatengemeinschaft zusammenwachsen,
für Politiker aller Parteien, dass sie stets nur das Wohl ihres Volkes im Auge haben und nicht nur ihren eigenen Vorteil suchen,
für die Menschen in unserem Vaterland und in unserer Stadt, dass sie in Wohlstand leben können und auch das Recht der Minderheiten achten.
Hilf dem Staat, der Gewerkschaft, der Industrie, den Arbeitnehmern und Arbeitgebern, den sozialen Frieden zu erhalten, und

lass in uns allen den Geist der Gerechtigkeit, der Toleranz und der Liebe wirksam werden.

K: Lasset zum Herrn uns beten:

A: Herr, erbarme dich ...

Z: Herr, unser Gott, in Lebens- und Staatengemeinschaften hast du uns zusammengeführt zum Wohl des Einzelnen und zum Wohl der Allgemeinheit.
Schenke allen Menschen Religions-, Glaubens- und Gewissensfreiheit und lass uns die Würde des einzelnen Menschen tiefer erfassen und achten.
Ermutige uns, für die einzutreten, deren Menschenrechte nicht geachtet werden, gleich wer und wie sie sind.
So bitten wir durch Christus, unseren Herrn:

A: Amen.

L: Lasst uns beten für alle Menschen, die in Not sind und unter dem Existenzminimum leben müssen, hier in unserem eigenen Land und überall auf der ganzen Welt,
für die Opfer der Kriege in Liberia, Afghanistan, Irak und anderswo,
für die Opfer von Umweltkatastrophen, Überschwemmungen und Dürre,
für die Arbeitslosen und Sozialhilfeempfänger,
für die Asylanten und Flüchtlinge, die aus ihrer Heimat vertrieben wurden und fliehen mussten wegen ihrer Rasse, wegen ihrer politischen Gesinnung oder Religion.

K: Lasset zum Herrn uns beten:

A: Herr, erbarme dich ...

Z: Herr, unser Gott, hat dein Sohn nicht selbst gesagt: »Mich erbarmt das Volk, wenn ich es hungrig heimgehen lasse«, und er verwies

auf Menschen, die genug zum Essen und zum Leben hatten: »Gebt ihr ihnen zu essen!«
Lass uns nicht aus Angst, dass es uns selbst nicht reichen könnte, diese Menschen vergessen, sondern zeig uns Mittel und Wege auf, wie wir ihnen Hilfe zur Selbsthilfe geben können.
So bitten wir durch Christus, unseren Herrn.

A: Amen.

L: Lasst uns beten für diese unsere Erde und für die ganze Schöpfung.
Du hast uns diese Erde als Geschenk anvertraut:
Gib, dass wir gut mit ihr und der ganzen Schöpfung umgehen.
Weise uns darauf hin, diese unsere Verantwortung in deinem Geiste wahrzunehmen, sie nicht auszunutzen, sondern sie zu gebrauchen in aller Achtung vor jeglichem Leben.
Schenke den Naturwissenschaftlern und Forschern Demut vor deiner Schöpfung.
Verleihe ihnen und uns allen Einsicht und Ehrfurcht, die Welt zu erforschen zum Wohl der ganzen Menschheit.
Zeige uns die Grenzen auf, die uns bewahren vor aller Unmenschlichkeit und vor Größenwahn.
Schütze uns vor uns selbst, damit wir unsere Lebensgrundlagen nicht zerstören.

K: Lasset zum Herrn uns beten:

A: Herr, erbarme dich ...

Z: Herr und Gott, Schöpfer und Erhalter allen Lebens.
Wenn sich der Mensch gegen dich und deine Schöpfung auflehnt, entzieht er sich seiner eigenen menschlichen Lebensgrundlage.
Hilf uns, dich als unseren Herrn und Gott anzuerkennen und im Werk deiner Schöpfung dir zu danken.

Lass nicht zu, dass wir diese deine Schöpfung durch Gewinnsucht, Ehrgeiz und Schamlosigkeit ausnützen, sondern hilf uns, sie auch den kommenden Generationen als dein Geschenk zu hinterlassen.

So bitten wir durch Christus, unseren Herrn.

A: Amen.

– *Stille* –

(dann meditatives Harfenspiel)

Meditation

Jesus, Gott und Bruder!
Menschen wollten dich zum Schweigen bringen,
sie wollten dich festnageln am Kreuz,
von dem du niemals mehr loskommen solltest –
so wären sie dich los geworden.

Jesus, Gott und Bruder,
so hängst du da zwischen Himmel und Erde,
als Mittler zwischen Gott und Mensch,
als Brücke zwischen Liebe und Hass,
zwischen Anteilnahme und Gleichgültigkeit,
zwischen Leben und Tod.

Jesus, Gott und Bruder,
jetzt kommst du nicht mehr los vom Kreuz,
dem Zeichen deiner Liebe,
denn Liebe kann nicht sterben,
es wäre ein Kreuz, wenn Liebe stürbe,
denn nur die Liebe schenkt uns wahres Leben.

Jesus, Gott und Bruder,
Menschen dürfen nicht schweigen,
sie müssen allen sagen, dass du sie liebst,
dass du sie alle liebst und willst, dass sie sich alle lieben.

– *Stille* –
(dann meditatives Harfenspiel)

Danach:
Herzliche Einladung zur Auferstehungsfeier am Ostermorgen!

STEH AUF!
Auferstehungsfeier am frühen Ostermorgen

Vorbemerkung

Kein Muss, aber eine beglückende Erfahrung – Ein Plädoyer zur Auferstehungsfeier am frühen Ostermorgen

Die Zeit des Sonnenaufgangs bestimmt die Zeit der frühen Auferstehungsfeier. Das Osterfeuer und das Licht der Osterkerze können erst dann ihre ganze Symbolkraft entfalten, wenn sie die Dunkelheit der Nacht erleuchten. Auferstehung kann man am eigenen Leib nachempfinden, wenn man frühmorgens vom Schlafe aufsteht und den neuen Tag bewusst erleben kann. »Aufstehen« kann man schlecht, wenn man wie gewöhnlich lange aufbleibt und sich dann, durch die Feier müde geworden, ins Bett legt. Nach Lk 24,1 gingen die Frauen am ersten Tag der Woche in aller Frühe zum Grab – als eben die Sonne aufging. Bei Markus und Matthäus kommen die beiden Marien »in der Morgendämmerung des ersten Tages«, um nach dem Grab zu sehen. Bei Augustinus nimmt die Ostervigil, die »Mutter aller Vigilien«, die ganze Nacht in Anspruch und endet mit der gemeinsamen Eucharistiefeier, wenn im Morgengrauen der Ostertag heraufbricht. Auch viele liturgische Texte und Symbole der heutigen Auferstehungsfeier selbst entfalten ihre Leuchtkraft, wenn die Feier frühmorgens beginnt, z.B. im Exultet: »... geweiht zum Ruhm deines Namens, leuchte die Kerze fort, um in dieser Nacht das Dunkel zu vertreiben. Nimm sie an als lieblich duftendes Opfer, vermähle ihr Licht mit den Lichtern am Himmel. Sie leuchte, bis der Morgenstern erscheint, jener Morgenstern, der in Ewigkeit nicht untergeht ...« Und tatsächlich ist bei schönem Wetter die durch das Kirchenfenster aufsteigende Sonne wie ein Hinweis und Symbol des auferstandenen Christus. Und wenn durch das Zwitschern der Vögel draußen in der

Natur das Leben erwacht, öffnet sich auf besondere Weise das Herz für diese Botschaft des Lebens. Zwar wird die Zeitbestimmung nicht ausschließlich mit einer allzu wörtlichen Auslegung vom Gang der Frauen »in aller Frühe, als die Sonne eben aufging« begründet werden können, aber das persönliche Erleben des Wechsels von der Nacht zum Morgen, vom Dunkel zum Licht, eröffnet leichter einen Zugang zum Ostergeschehen. Richtig ist gewiss, dass die Segnung des Feuers und das Vortragen der Lesungen unbedingt noch im Dunkeln vorgenommen werden müssen. Wenn in dieser Auferstehungsfeier die Osterspeisen gesegnet und dann bei einem gemeinsamen Frühstück im Gemeindezentrum verspeist werden, wenn Gemeindemitglieder schon Kaffee und andere warme Getränke gekocht haben, dann ist das tiefe gemeinsame Erlebnis erfahrbar und ein wunderbarer Abschluss der Auferstehungsfeier. Dann ist diese Feier in der Tat der sinnenhafteste und am feierlichsten gestaltete Gottesdienst im Laufe des Kirchenjahres. Und das sollte er doch sein! Oder?

Vorbereitung

Trompeten, Marimbaphon

Siebenarmiger Leuchter, 7 Kerzen

Dia mit Faust, Diaprojektor, eventuell Leinwand

Beginn auf dem Kirchplatz

(Vorgetragen von einer Sprecherin – siehe Maria Magdalena!)

Steh auf!
Steh auf und lass das Schlafen
Wach auf!
Wach auf, ich habe dich geweckt

Steh auf!
Steh auf und schenk dem Atem neues Leben
Wach auf!
Wach auf und spür, was Neues ist nun am Entstehn

Steh auf!
Steh auf und komme aus dem Dunkel
Wach auf!
Wach auf, denn schon der Morgen tagt

Steh auf!
Steh auf und lasse dich umarmen
Wach auf!
Wach auf, denn Liebe will das Leben wecken

Steh auf!
Steh auf, weil er erstand vom Tode
Wach auf!
Wach auf und laufe ihm entgegen

Steh auf!
Steh auf, er nennt dich nun beim Namen
Wach auf!
Wach auf und sag es auch den anderen

Ja, liebe Gemeinde, wir sind früh, sehr früh aufgestanden. Warum eigentlich?
Weil in uns allen eine Hoffnung schlummert, die geweckt wurde.
Weil wir alle tief in unserem Inneren eine Sehnsucht nach Leben haben, die gestillt werden will.
Und deshalb sind wir so früh hier zusammengekommen, weil viele Symbole und viele Texte diese Sehnsucht anfachen und zum Glühen bringen wollen, weil einer vom Tode zum Leben erstand und dieses auch uns verheißt.
Und dieser Botschaft glauben wir, und deshalb brennt hier das Feuer, das Gott selbst in uns entfachen will:

Segnung des Feuers und Entzünden der Osterkerze
(Einzug in die dunkle Kirche – Anzünden der Kerzen aller Anwesenden)

Feierliches Exultet

1. Lesung
Gen 1,1 – 2,2 (Schöpfungsgeschichte)
(Bei jedem Schöpfungstag wird eine Kerze auf dem großen siebenarmigen Leuchter angezündet.)
Leises Marimbaphon-Spiel (Thema: Entstehen – Werden)

2. Lesung
Ex 14,15 – 15,1
(Dia von einer Faust auf Altarwand projizieren)
Anschwellendes Marimbaphon-Spiel
(Thema: Gewalt – Unterdrückung – Befreiung)

Lied zum Gloria

(Gloria feierlich angestimmt)

Gelobt sei Gott, 1.2.5–6 (GL 218)

(Bläser und Orgel)

3. Lesung

Röm 6,3–11

Feierliches Taizé-Halleluja

Vorsänger allein, Vorsänger, Gemeinde und Orgel

Gemeinde, Orgel, Bläser

als Kanon: linke Seite mit Bläser – rechte Seite mit Bläser

Evangelium

Lk 24,1–12 (gesungen)

(alle Glocken läuten)

Predigt

Ostern beginnt im Dunkel, mitten in der Nacht.

Ostern feiern wir mitten in einer Welt, die immer mehr an sich zweifelt.

Wir feiern in einer Welt, die sich ängstigt vor Terroranschlägen, Aids, Krebs, Umweltkatastrophen und Erdbeben.

Trotz allem – und gerade deswegen – feiern wir Ostern.

Wir können die Augen nicht mehr verschließen – gepriesener Fortschritt erweist sich oftmals als Bedrohung und Manipulation, Forschung wird missbraucht zur Korruption, die angebliche Freiheit demaskiert sich mehr und mehr als neue Form von Sklaverei.

Nicht nur das eigene Versagen belastet uns; es hat auch Folgen für die kommende Generation. Und wir – wir haben an der Schuld unserer

Väter zu tragen. Lange bevor wir das Licht der Welt erblickten, als wir geboren wurden, wurden Fakten geschaffen, an denen wir zu tragen haben, obwohl wir sie nicht verursachten.

Wir sind verwickelt in Verantwortlichkeiten, die wir nicht abschütteln können. Wir sind verstrickt in Verbindlichkeiten, aus denen wir uns selbst nicht einfach so lösen können. Trotz allem feiern wir jetzt beim Morgengrauen Ostern, Auferstehung. Wir stehen auf gegen das Dunkel, wir wagen den Aufstand gegen starre Blockaden und unerbittliche Grenzen, wir wagen den Aufstand gegen das Schwarz-Weiß-Denken, gegen alte Gewohnheiten und bloße Denkschablonen. Denn Ostern lässt uns erfahren, dass Leben stärker ist als der Tod. Ostern lässt uns erfahren, dass Einer für uns da ist, mitten im Dunkel, mitten im Tod.

Und der Eine ist Gott selbst. Seitdem er den Menschen geschaffen und ihm seinen göttlichen Geist eingehaucht hat, geht er mit uns Menschen durch Licht und Schatten, durch Höhen und Tiefen, durch Raum und Zeit, durch Leben und Tod.

Er ist immer da für uns, nie lässt er uns im Stich: nicht in Auschwitz und Stalingrad, im Irak und in Afghanistan, in Liberia und in den Vereinigten Staaten. In Afrika und in Lateinamerika ist Gott anwesend; in Europa und Asien ist er unter den Leidenden, Unterdrückten und Sterbenden.

Seit Jesus als Mensch geboren wurde – einer von uns wurde –, seit sein Blut sich mischte mit der Erde, seitdem wissen wir, dass Gott keinen von uns im Stich lässt. Denn Weltgeschichte ist letztendlich Heilsgeschichte. Wir verlieren uns nicht in überholter Vergangenheit, feiern nicht vergangene Ereignisse. Befreit aus der Enge von Raum und Zeit kommen wir durch Christus zurück zu den Wurzeln und Quellen unserer eigentlichen Existenz. Wir wissen, woher wir kommen und wohin wir gehen.

Wenn wir heute Morgen die Aussagen der Lesungen wirklich aufgenommen und verstanden haben, dann werden wir unschwer erkennen, dass uns hier ein Abriss der ganzen Heilsgeschichte gegeben wird, angefangen von der Erschaffung der Welt, über den Auszug aus Ägypten, über Propheten und Apostel, vollendet in und durch Jesus Christus. All das erfüllt sich an denen, die in der Taufe in die Gemeinschaft mit Christus hineingenommen worden sind. Die ganze Welt- und Heilsgeschichte kommt so auf uns Getaufte zu, um sich an uns zu erfüllen. Es ist so, als ob Gott all jene großen Ereignisse der Geschichte nur dazu in Szene gesetzt hätte, um die Größe des inneren Vorganges der Taufe ansatzweise deutlich werden zu lassen. Der gewaltigste Entwurf Gottes ist die Schöpfung.
Kein Ereignis der Geschichte stellt die Souveränität, Kreativität und Größe Gottes überwältigender dar. Aber auch diese Schöpfung wird nur zum Gleichnis der »neuen Schöpfung in und durch Christus«, die durch und in der Taufe geschieht.
Deshalb beten wir auch: »Allmächtiger Gott, du hast den Menschen wunderbar erschaffen und noch wunderbarer erlöst.«
Der Ausbruch aus der Sklaverei Ägyptens und der befreiende Durchzug durch das Wasser des Roten Meeres bedeutet für das Gottesvolk Israel, dass in diesem Ereignis und in diesem Fest alle Erfahrungen mit Gott gipfeln.
Durch andere gewaltigere Fluten als im Roten Meer wird der Getaufte der Gefangenschaft und Macht des Bösen entrissen. In der Eucharistiefeier wird er in die befreiende und beglückende Gemeinschaft mit dem toten und auferstandenen Christus hineingenommen.
Vielleicht haben wir noch gar nicht richtig verstanden und akzeptiert, was es heißt, getauft zu sein – Kind Gottes, Schwester, Bruder eines jeden Menschen zu sein.
Wie im Schlafe kommt uns das alles vor, wie im Traum. Und wir haben immer noch Angst, dass sich dieser Traum nicht erfüllt hat, dass

es nicht wahr sein kann. Heute Morgen sind wir aufgestanden früh, sehr früh. Und jetzt sind wir wach, hellwach. Und wir hören die befreiende Botschaft, wir entdecken in den verschiedenen Symbolen unsere Bestimmung: Wir sind göttlichen Geschlechts, seine Ebenbilder.
Keine Macht der Welt, kein Mensch, kein Ereignis der Geschichte kann uns diese Würde rauben, auch nicht der Tod. Deshalb musste Christus aus dem Tod auferstehen, um uns dies deutlich zu machen, dass da etwas ganz anderes geschehen ist, etwas ganz Neues, eine neue Schöpfung, ein ganz neues Denken, eine neue Geisteshaltung und eine neue Einstellung zum Leben.

Tauffeier
(gekürzte) Allerheiligenlitanei mit den Namenspatronen der Täuflinge.
Der Glaube der Täuflinge wird hineingetaucht in den Glauben der anwesenden Gemeinde.

Lied: Das ist der Tag, 4–5 (GL 220)

Taufe
Wenn möglich, kommen anschließend alle Gemeindemitglieder mit ihren brennenden Kerzen in der Hand zum geschmückten Taufbrunnen, stellen ihre Kerzen bei der Osterkerze ab und bringen ihre mitgebrachten Osterspeisen zum Altar; Ministranten bringen Schalen und Kelche, dazu:

Händel-Halleluja (Orgel und Trompeten)
(Ein wunderbares Erlebnis von Licht, Klang und Farbe, ein Ausdruck von Lebensfreude, ein Symbol für das verheißene »Leben in Fülle«!)

Lied zum Sanctus

Großer Gott, wir loben dich, 2–3 (GL 257)
(Orgel und Trompeten mit Gemeinde)

Meditation zum Totengedenken

Was sucht ihr den Lebenden bei den Toten?
Sucht lieber eure Toten bei ihm, dem Lebenden,
eure toten Hoffnungen, eure toten Sehnsüchte,
eure toten Erwartungen,
eure toten Schwestern und Brüder,
eure eigene tote Zukunft!
Sucht lieber eure Toten bei ihm, dem Lebenden,
denn für ihn sind alle lebendig,
mögen sie gesehen mit den Augen des Leibes,
gemessen an den Maßstäben der Menschen,
beurteilt im Horizont der Welt –
auch noch so tot sein!
»Was sucht ihr den Lebenden bei den Toten?«
Seit die zwei Männer im Grab diesen Satz sprachen
– mit einer umwerfenden Selbstverständlichkeit –,
heißt es umdenken, weiterdenken!
Das einzige, was man seitdem
endgültig begraben darf, ist das Wort
»unmöglich!«

Friedensgruß des Auferstandenen

Während der Kommunion

meditatives Spiel von Marimbaphon und Orgel

Nach der Kommunion

Nun freue dich, du Christenheit, 1–3 (GL 222)
(Orgel und Trompete)

Meditation

Steh auf, der Stein vom Grab ist weggerollt
halt ihn nicht fest, verschanz dich nicht
Steh auf und lebe, spricht der Herr
Steh auf, der Stein wird dir vom Herzen fallen
Steh auf, du kannst jetzt leben, wirklich leben
Steh auf, der Gott des Lebens lebt fürwahr
Steh auf, leb du mit ihm und mit den anderen
Steh auf, und wag den Aufstand für das Leben
Steh auf, denn andere wollen leben
Steh auf, sie wollen leben nur mit dir

Feierlicher Segen

Zum Abschluss

Einladung zum gemeinsamen Osterfrühstück
Feierlicher Entlassgruß mit dem Halleluja
Großer Auszug mit Orgel, Trompeten und/oder anderen Musikinstrumenten
Am Ausgang ein persönlicher Osterwunsch und für jeden ein Osterei

Hinweis:

Für Kinder von 3–8 Jahren gibt es eine eigene Auferstehungsfeier:

Sie bringen Blumen und Kerzen mit zum Grab, erleben aber eine Überraschung, denn das Seitenschiff ist hell beleuchtet der »Ostergarten«.

Das Unaussprechliche wird dargestellt! Ein Versuch!

Die Stabpuppen vom Palmsonntag begleiten uns über den Karfreitag zum Ostersonntag und dann bis Pfingsten.

LICHT IM DUNKEL DES ABENDS
Komplet oder österliche Lichtfeier am Abend des Ostersonntags

Wie am Ostermorgen zieht der Zelebrant/die Zelebrantin mit der brennenden Osterkerze in die Kirche ein und singt jeweils einen Ton höher das
Z: Lumen Christi. – A: Deo gratias.

(Beweihräucherung der Osterkerze)

Orgelspiel
Der Organist nimmt währenddessen das »Lumen Christi« auf in das »Lumen Christi« von Langlais.

Begrüßung
Liebe Schwestern und Brüder im Glauben! Dieses »Lumen Christi – Licht Christi« ist bereits heute beim Morgengrauen erklungen und hallt weiter bis heute Abend und darüber hinaus. Dieses Licht Christi ist Symbol für Christus, das Licht der Welt, der unsere Finsternis erhellt und den Tod durch seine Auferstehung überwunden hat. Wir sind noch einmal zusammengekommen, weil wir nicht genug bekommen können vom Licht, das wir alle zum Leben brauchen.

Lied
O Licht der wunderbaren Nacht ... (GL 208)

Lesung

Joh 1,4–5.9.12a

Andacht

GL 781,3

Lied

Das ist der Tag, den Gott gemacht, 1–5 (GL 220)

Fürbitten

»Gott des Lebens!« Am Schöpfungstag sprachst du: »Es werde Licht« – und es ward Licht. Du hast auch Jesus, deinen Sohn, nicht im Dunkeln des Todes gelassen, sondern zu dir aufgenommen in das Licht des ewigen Lebens.
So kommen wir voller Hoffnung und Zuversicht zu dir und bitten dich:

– Lass dein Licht leuchten all den Menschen, die keinen Sinn mehr in ihrem Leben entdecken und ziel- und haltlos durch manche Dunkelheit irren.
  Lumen Christi. – Deo gratias.
– Lass dein Licht leuchten all den Jugendlichen, die noch keinen Arbeitsplatz oder keine Lehrstelle haben, damit sie die Perspektive für ihre Zukunft nicht verlieren.
  Lumen Christi. – Deo gratias.
– Lass dein Licht leuchten all den Blindgeborenen oder durch eine Krankheit oder einen Unfall Erblindeten, dass sie nicht verzweifeln, sondern mit den Augen des Herzens sehen können.
  Lumen Christi! – Deo gratias.

- Lass dein Licht leuchten uns allen, die wir an der Feier der Auferstehung deines Sohnes teilgenommen haben, damit in uns das Licht deiner Gnade nie erlischt.
  Lumen Christi. – Deo gratias.
- Lass dein Licht leuchten all unseren Toten, dass sie dich schauen von Angesicht zu Angesicht und mit dir leben im Licht des ewigen Lebens.
  Lumen Christi. – Deo gratias.

Gott, dein Sohn hat durch seine Auferstehung Licht in unsere Dunkelheit gebracht.
Dir sei Lob und Dank für Jesus Christus, deinen Sohn, der mit dir und dem Heiligen Geist lebt und wirkt in alle Ewigkeit.

Lobgesang des Simeon
(GL 700)

Segen

Marienlob
Lasst uns erfeuen herzlich sehr ..., 1–5 (GL 585)

Zum Auszug
eine eigene Orgelimprovisation zum »Lumen Christi«

ÖSTERLICHE HEILSZEIT

CHRISTI HIMMEL- ODER HÖLLENFAHRT?

Eucharistiefeier am Fest Christi Himmelfahrt

Lied zum Eingang

Christ fuhr gen Himmel (GL 228)

Begrüßung

»Des sollen wir alle froh sein« – ja freuen sollen wir uns heute, denn das Leben Jesu ist von Gott bestätigt, seine Liebe zu uns ist unsterblich, nicht mehr tot zu kriegen. Nichts kann uns mehr von dieser Liebe scheiden. Ist das nicht ein Grund, sich zu freuen, zu jubeln und zu danken?

Gloria

Gott in der Höh sei Preis und Ehr (GL 464)

Gebet

Gott! Du hast deinen Sohn und unseren Bruder Jesus Christus zu dir in den Himmel aufgenommen, um ganz eins zu sein mit ihm und in ihm mit uns. Du hast ihn vor aller Welt bestätigt und uns sein einzigartiges Leben der Liebe vor Augen gestellt. Du hältst auch uns den Himmel offen und lädst uns ein, so wie er, in einem Leben der Liebe jetzt schon zu erahnen, was du denen bereitet hast, die dich lieben. Darum bitten wir dich durch Christus, deinen Sohn, der mit dir lebt und herrscht in der Einheit des Heiligen Geistes, Gott von Ewigkeit zu Ewigkeit. Amen.

Lesung / Evangelium

(vom Tag)

Predigt

Vor einiger Zeit nahm ich in der Slowakei am Fest Christi Himmelfahrt an einem ruthenischen Gottesdienst teil. Von der Predigt verstand ich zwar nichts, weil ich kein Slowakisch verstehe. Aber der zelebrierende Priester weckte mein Interesse, weil er immer auf ein Bild in der Kirche hinwies, das mir später mein Begleiter als Abbild von »Christi Höllenfahrt« erklärte.

Christi Höllenfahrt an Christi Himmelfahrt? Wie das? Den angeblichen Widerspruch half mir Günther Eich in seinem Hörspiel »Festianus, Märtyrer«[1] zu lösen.

In diesem Hörspiel erzählt Günther Eich, wie der junge Römer Festianus nach erlittenem Martyrium in den Himmel kommt und hier den Märtyrer Laurentius trifft. Sie tauschen sich über ihre Erfahrungen auf Erden aus, und Festianus muss bekennen, dass er im Himmel doch etwas sehr Wichtiges vermisse: nämlich seine Freundinnen und Freunde, den Schankwirt Salpicius und die Kellnerin Octavia in der Bar in Rom, mit denen er viele glückliche Stunden verbracht habe. Laurentius verweist Festianus an Petrus, der doch wissen müsse, wo diese Freunde nun wären.

Im zweiten Akt nun zeigt Petrus ihnen in der Tat den Ort, den er zwar nicht Hölle nennt, aber jeder weiß, was damit gemeint ist.

Im dritten Akt finden Festianus und Laurentius die Freundinnen und Freunde. Es gibt ein großes Hallo und die Wiedersehensfreude ist groß. Aber die Freunde klagen: »Festianus, wir haben dich so vermisst: deine Nähe, deine Wärme, deine Zärtlichkeit. Dieser Mangel ist

1 Günther Eich, Fünfzehn Hörspiele, Frankfurt a.M. 1973, 524–563.

die Hölle.« Und es entsteht bald in Festianus ein ungeheurer Konflikt: Soll er bei seinen Freundinnen und Freunden in der Hölle bleiben oder soll er lieber in den Himmel zurückkehren, wozu ihn Laurentius drängt. Nach langem Hin und Her entscheidet sich Festianus auf den Himmel zu verzichten und bei seinen Freunden in der Hölle zu bleiben. Damit aber ist die Hölle überwunden und besiegt.
Ist diese kleine Geschichte nicht wunderbar? Von Jean-Paul Sartre stammt der Satz: »Die Hölle, das sind die anderen.« Im Anschluss an das Hörspiel Günther Eichs möchte ich aber auch behaupten dürfen: »Der Himmel, das sind die anderen.« So ist Himmel letztendlich keine Zeitbestimmung und keine Ortsbestimmung, sondern etwas Personales. Heißt es nicht im ersten Johannesbrief: »Gott ist die Liebe«? Wo Gott ist, da ist Liebe, und wo Liebe ist, da ist auch der Himmel! Auf Kosten anderer gibt es keine Liebe, das kann nur die Hölle sein. Für andere da zu sein, sie zu lieben, das ist der Himmel.
Wenn selbst der hl. Augustinus einmal sagen kann: »Ohne euch will ich nicht selig werden«, so dürfen wir fest darauf vertrauen, dass Christus sagt: Ohne euch möchte ich nicht im Himmel sein. Ohne euch möchte ich nicht Gott sein. Gibt es da überhaupt noch eine Hölle, wenn er uns so unbändig liebt? Ich weiß es nicht, aber darauf kommt es letztendlich auch nicht mehr an, oder?

Fürbitten

Herr Jesus Christus, du bist in den Himmel zu deinem und unserem Vater aufgestiegen, um Fürsprache für uns bei ihm einzulegen. So bitten wir dich voll Vertrauen:

– Halte deinen Himmel offen für alle Menschen, die in der Liebe mit dir und untereinander verbunden sind.

Schenke uns allen immer wieder Menschen, die uns erfahrbar machen, dass du uns in Liebe verbunden bist und bleibst, damit für uns immer etwas vom Himmel auf Erden spürbar ist.

- Halte deinen Himmel offen für alle Menschen, gerade auch für die, die es nicht leibhaftig erfahren und an deiner Liebe zweifeln: Kranke, Alte, Waisenkinder, Kinder aus zerrütteten Ehen. Hilf, dass sie durch unsere Liebe ein wenig erahnen können, was du unter »Himmel« verstehst.
- Halte deinen Himmel offen für alle Menschen, gerade auch für die, die auf Erden durch die Hölle gehen müssen. Sei ihnen nahe: den Hungernden, den Menschen in Kriegsgebieten und allen Opfern von Brutalität, Aggression und Hass, damit sie nicht an deiner Liebe zweifeln müssen.
- Halte deinen Himmel offen für alle Menschen, deren Liebe in Hass und Wut umgeschlagen ist: bei Verliebten, Verlobten und Verheirateten.
  Lass sie nicht unter dem Hass weiterleben und glauben, sie wären aus dem Paradies vertrieben worden, sondern schenke ihnen die Einsicht, dass Liebe sie zusammengeführt hat und sie ein Stück Himmel miteinander erleben durften.
- Halte deinen Himmel offen gerade auch für unsere Toten. Nimm sie auf in deine Liebe und lass sie bei dir für immer geborgen bleiben.

Gott, dein Sohn Jesus Christus ist nun ganz und gar bei dir. Auch uns willst du ganz bei dir haben. Schenke uns stets diese Gewissheit im Alltag unseres Lebens, damit wir uns nicht den Himmel selbst verbauen.
So bitten wir dich: Amen.

Zuspruch

»Seht, ich bin bei euch alle Tage bis ans Ende der Welt.« (Mt 28,20b)

Seht, ich bin bei euch alle Tage
und gerne bei meinem Vater.
Das ist kein Widerspruch.

Seht, ich bin bei euch alle Tage,
denn in der Liebe bin ich unter euch lebendig.
Das ist mein Zuspruch.

Seht, ich bin bei euch alle Tage.
Liebt einander, wie ich euch geliebt habe!
Das ist mein Befehl!

Seht, ich bin bei euch alle Tage,
mein Segen begleite euch!
Darauf könnt ihr euch verlassen!

Segen

So segne euch Gott, der Vater, Gott, der Sohn, und Gott, der Heilige Geist. Amen.

Sendungsauftrag

Es bleibt das Versprechen Jesu: »Ihr werdet die Kraft des Heiligen Geistes empfangen und werdet meine Zeugen sein.«
So gehet hin und legt Zeugnis für ihn ab, denn es ist euch Gottes Geist zugesprochen:
Gehet hin in Frieden!

Schlusslied

Der Geist des Herrn erfüllt das All, 1–4 (GL 249)

BE- ODER ENTGEISTERT?

Eucharistiefeier mit Jugendlichen und Junggebliebenen aus verschiedenen Nationen am Pfingstsonntag

Einzug

Band, instrumental

Lied

Lass uns in deinem Namen, Herr (Troubadour 734)

Begrüßung

Aus vielen Nationen wohnen Menschen in unserer Gemeinde. Katholiken sind sie wie du und ich, getauft auf den Namen des dreieinigen Gottes. Gott ist unser aller Vater, Jesus unser aller Bruder, der Geist hat uns hier zusammengeführt. Ich heiße euch alle herzlich willkommen, wer, was und wie ihr seid, woher ihr kommt, wie alt ihr seid, welche Muttersprache ihr auch sprecht.
Im Namen Gottes darf ich das tun: Im Namen des Vaters ...
Gemeinsam wollen wir jetzt das Loblied, das Gloria singen:

Lied zum Gloria

Singt dem Herrn alle Völker und Rassen ... (Troubadour 153)

Gebet

Dreieiniger Gott, wie damals die Jünger zu Jerusalem hast du uns hier zusammengeführt in deinem Geist. Lass uns auf dein Wort hören, damit auch wir aufeinander hören und verstehen, was du uns sagen willst. So bitten wir dich, der du lebst und wirkst in Ewigkeit. Amen.

Verfremdung I

Als nun Pfingsten heranrückte,
lang ersehnt, schon längst verplant,
herrlich freies verlängertes Wochenende
oder gar kurze Ferien –
da waren sie alle beieinander
im Verkehrschaos in Richtung Süden.
Da waren sie alle einmütig beieinander
im Stau auf den Autobahnen,
in Hotels und Restaurants,
bei Schnitzel und Forelle blau,
auf ihren Segelbooten
und auf Campingplätzen.

Und sie waren gemütlich beieinander
bei Musik und Tanz,
bei scharfen Sachen und Wein,
und prosteten sich zu.
Da kam schnell Stimmung auf,
Heiterkeit und laute Freude,
und erfüllte die Häuser, in denen sie waren.
Andere saßen missmutig nebeneinander,
die Lippen zusammengepresst,
die Meinungsverschiedenheiten bloß hinuntergeschluckt.
Und sie tranken vor sich hin und schwiegen,
weil es Einverständnis für sie
nur im Nichtssagen gab.

Da geschah es plötzlich, dass einige aufbrausten,
dass sie laut wurden, ausfällig und dreckig gemein.

Und so manches Haus war erfüllt von Aggression und Überdruss,
von Gereiztheit und Unzufriedenheit.
Und viele ließen sich volllaufen
und fingen an, Reden zu halten
mit schweren Zungen,
was ihnen gerade in den Sinn kam:
dumme Witze, alte Geschichten
und ein paar plumpe Anzüglichkeiten.
Die andern aber hatten ihren Spaß daran
und sprachen: Sie sind voll süßen Weins!
Und man musste sie fast jeden Abend
betrunken aufs Zimmer bringen.
Andere aber entsetzten sich und sprachen:
Was soll das werden?

Zwischenspiel

Band

Verfremdung II

Und als der Pfingsttag erfüllt war,
da waren erstaunlich viele beieinander
im Gottesdienst.
Und die Leute hofften,
hier in der Kirche mal etwas anderes zu hören
als sonst im Alltag –
keine Klagen über die böse Zeit,
keine Verurteilungen von Andersdenkenden,
keine Hetze, keine Angstmacherei,
keine großen Theorien und Worte,

sondern etwas Packendes, etwas Hilfreiches,
das erleichtert und freimacht.

Und sie hatten Mühe mit den Worten des Pfarrers.
Sie hörten ihn biblische Erklärungen sprechen,
und seine sonore Stimme
füllte das ganze Gotteshaus, da sie saßen.
Und sie ließen ihre Augen und Gedanken
wandern, springen hin und her
über Frisuren und Hemdkragen,
und träumten von Geld,
von Wunderkindern in der Schule,
von besserer Gesundheit,
von Erfolgen in der Ausbildung oder im Beruf.
Und sie dachten an den letzten Krach
mit dem Chef,
und schlagfertige Entgegnungen
kamen ihnen in den Sinn.

Da geschah es plötzlich,
dass ein Wort sie traf,
dass ein Beispiel, eine Geschichte
ihre Aufmerksamkeit einfing,
dass sie wieder zuhörten,
dass ein ganz anderer zu ihnen redete,
wie von weit her.
Und sie spürten die Kraft,
die von dem gepredigten Jesus ausging,
und sie wurden voll Freude und Freimut.

Zwischenspiel

Band

Lesung

Apg 2,1–11

Halleluja

(Auf Italienisch:)

1. Sei Parola di vita eterna, la tua presenza per noi e festa.
   Halleluja …
2. Ti sei fatto pane di vita per chè tra noi tri on fi la vita.
   Halleluja ...
3. Ti sei fatto dono d'amore per chè tra noi regni l'amore.
   Halleluja …
4. Tiascol tiamo, Christo Signore la tua parola ci colma di gioia.
   Halleluja …

Evangelium

Joh 20,19–23

Credo

»Ein jeder hörte sie in seiner Muttersprache die Großtaten Gottes verkünden.«
Jeder kann nun in seiner Muttersprache das Glaubensbekenntnis laut beten. Vielleicht meinen wir, das gäbe ein großes Durcheinander. Kann sein! Aber wir wissen genau, es ist ein und dasselbe Glaubensbekenntnis, das gemeinsame Bekenntnis zu dem einen dreifaltigen Gott.
Ich glaube an Gott ...

Fürbitten

(Nur eine Fürbitte wird in verschiedenen Sprachen vorgetragen, damit es nicht allzu lang wird.)
Dreieiniger Gott, Vater, Sohn und Heiliger Geist!
In der Verschiedenheit unserer Sprachen und Mentalitäten und in der Vielseitigkeit unserer katholischen Kirchengemeinde kommen wir zu dir, um unseren gemeinsamen Glauben an dich zu bekennen und unsere Verschiedenheit in deiner Einheit anzunehmen und gegenseitig tolerieren zu können.
Deshalb bitten wir dich um deinen Geist.
Ungeduld und Missverständnisse zwischen unseren verschiedenen Völkern und Sprachengruppen verhindern oft ein Miteinander.
Schenke uns Geduld miteinander und ein besseres Verständnis füreinander.
(gesungen:) Gib uns allen deinen Geist!

Auf Italienisch
Auf Spanisch
Auf Kroatisch
....

Auf dich, dreieiniger Gott, können wir vertrauen. Schenke uns immer mehr ein gegenseitiges Vertrauen, damit wir glaubhaft deine Kirche sind!
So bitten wir dich jetzt in dieser Stunde. Amen.

Gabenbereitung

(Schreittanz mit den Gaben zum Altar bei entsprechender Musik – eventuell südamerikanische Gitarrenmusik)

Gebet

Gott, Brot und Wein sind die Lebensgrundlage von uns allen. Wir haben diese Gaben zum Altar gebracht und bringen damit zum Ausdruck, dass du der Geber dieser Gaben bist.
Nimm sie an und schenke sie uns durch deinen Geist verwandelt wieder.
So bitten wir durch Christus, unseren Herrn. Amen.

Friedensgruß

Deutsche, Italiener, Kroaten, Spanier ..., wir alle haben unsere Eigenarten, unsere Stärken und Schwächen. Heute, an Pfingsten, darf das alles gelten, aber es darf die anderen nicht ausschließen; sondern in Jesu Geist sollen wir uns gegenseitig annehmen und respektieren. Wenn wir das fertig bringen, dann ist sein Friede unter uns, sein Geist, seine Liebe:
Der Friede des Herrn ...
(Friedensgruß aller)

Lied

Unfriede herrscht auf der Erde – Friede soll mit euch sein (Troubadour 290), mit polnischer Strophe:
Pokój zostawiam wam, pokój mój daje wam,
nje tak jak daje dzisiaj suiat pouiedzial do nas Pan.

Nach der Kommunion

Jesus, unser Herr und Bruder, heute an Pfingsten haben wir gehört, dass du mit deinem Heiligen Geist die Menschen verschiedener Nationalitäten bewegst, den jeweils anderen in seiner Andersartigkeit zu verstehen und zu akzeptieren.
Lass uns fest daran glauben und dies auch in unserem Alltag, in der Schule und am Arbeitsplatz, in unserer Gemeinde bezeugen und leben. Geh du mit uns und bleibe bei uns mit deinem Geist. Denn er hat uns alles gelehrt, was du einst gesagt hast.
Wir wissen, dass du unser aller Herr und Bruder bist, und wir alle, Schwestern und Brüder, Kinder des einen Vaters sind. Amen.

Lied nach der Kommunion

Unser Leben sei ein Fest ... (Troubadour 90)

HEILIGENFESTE

HERAUSGEFORDERT – HL. JOSEF

Eucharistiefeier am 19. März

Vorbereitung:

Das Werbeplakat vom Ökumenischen Kirchentag 2003 in Berlin dient als Meditationsbild über den hl. Josef.

(Das Bild gibt es als Download unter www.oekt.de, »Service«, »Downloads«.)

Lied zum Beginn
Sankt Josef, Spross aus Davids Stamm, 1–3 (GL 609)

Begrüßung
Josef, den wir heute feiern, ist mehr ein Mann der Tat als der großen Worte. Er lässt lieber Gott reden als sich selbst, hört auf ihn und setzt Gottes Wort in die Tat um.
Sicher können wir uns alle ein Beispiel an ihm nehmen. Öffnen wir uns jetzt dem Wort Gottes und fragen wir uns, wie wir diesem Wort in unserem Lebensalltag gerecht werden können:

– Stille –

Kyrie
Dieses absolute Vertrauenkönnen Josefs – ich kann es nicht.
Herr, erbarme dich!

Diese Fürsorge Josefs für andere – ich schaff es nicht.
Christus, erbarme dich!

Diesen inneren Frieden Josefs mit Gott, mit den Mitmenschen und mit sich selbst – ich hab ihn nicht.
Herr, erbarme dich!

Gebet
Gott! Aus dem königlichen Geschlechte Davids stammte dieser einfache und schlichte Zimmermann, der hl. Josef.
Im Hören auf dein Wort wurde ihm der Sinn seines Lebens klar.
Im Hören auf dein Wort hatte er ein felsenfestes Vertrauen zu dir und nahm die schwangere Maria als seine Frau in sein Haus.

Im Hören auf dein Wort nahm er deinen Sohn an Vater statt an und schenkte ihm Geborgenheit und Liebe.
Dein Wort war ihm Befehl – dein Wort war ihm Leben.
Sprich du zu uns, damit wir wie der hl. Josef unsere Lebensaufgabe erkennen und sie im festen Vertrauen auf dich annehmen und umsetzen.
So bitten wir dich durch Jesus Christus, deinen Sohn, der mit dir lebt und wirkt in Ewigkeit. Amen.

Lesung

2 Sam 7,4–5a.12–14a

Antwortpsalm

Ps 89, 2–3.4–5.27.29

Evangelium

Mt 1,16.18–21.24a

Predigt

(Plakat hängt für alle sichtbar)

Mitten in der U-Bahn, im Großstadtgetriebe steht dieser junge Vater – ruhig steht er da und schaut in eine bestimmte Richtung. Anscheinend informiert er sich, wann und auf welchem Gleis der Zug abfährt. Um ihn herum laufen hektisch Leute vorbei, die U-Bahn flitzt vorüber. Er aber steht da, ruhig, gelassen, aufmerksam, nicht in der Mitte des Bildes, etwas abseits. Er steht da und hält in seinen Armen das schlafende Kind. Es ist müde geworden und hat sich einfach fallen lassen. Ganz hat es sich der Fürsorge seines Vaters anvertraut. Tief und ruhig kann es schlafen, denn der junge Mann hält es fest in seinem Arm, geübt, mit diesem zerbrechlichen und hilflosen Wesen

umzugehen. Seit der Geburt dieses Kindes hat sich gewiss viel in seinem eigenen Leben geändert: der Tagesablauf, die Urlaubsplanung, die Freizeitgestaltung, das Familienleben. Beinahe alles dreht sich nur noch um dieses Kind.
Dieses Bild ist ein Werbeplakat vom 1. Ökumenischen Kirchentag in Berlin. Es ist eine Momentaufnahme – vielleicht unten in einer U-Bahn-Station dieser Stadt. Dieses Bild ist für mich – ja, wundern Sie sich nicht – es ist ein Bild vom hl. Josef. Seit er gehört hat »... nimm das Kind und seine Mutter«, seitdem kümmert er sich um dieses Kind. Im heutigen Evangelium ist es ihm aufgetragen worden. Seitdem steht er etwas »daneben«.
Stellen Sie sich vor, ein junger Mann erfährt, dass seine Verlobte ein Kind erwartet. Und er kann es sich beim besten Willen nicht vorstellen, dass dieses Kind von ihm ist. Versetzen Sie sich nun einmal in die Situation dieses jungen Mannes: Was geht ihm wohl alles durch den Kopf? Hat ihn Maria betrogen? Und wer ist dieser andere, von dem sie ein Kind erwartet? Was soll er jetzt tun? Immer wieder stellt er sich diese Frage. Nach jüdischem Gesetz hat er zwei Möglichkeiten: Entweder zeigt er Maria beim Gericht an oder er muss sich von ihr trennen. Denn das Vertrauen zu ihr ist dahin. Wie war das früher – und welche Pläne für die Zukunft hatten sie gemeinsam? Und jetzt? Alles aus! Der Zug ist abgefahren. Wie konnte sie nur so etwas tun? Wie konnte er sich nur in Maria so getäuscht haben. Nein, das kann nicht sein!
Das ist alles nur ein böser Traum! Er liebt Maria und sie liebt ihn. In einem Traum erhält er die Weisung: »Josef, Sohn Davids, fürchte dich nicht, Maria als deine Frau zu dir zu nehmen!« Kann er dieser Stimme trauen, darf er sich darauf einlassen? Macht er sich nicht zum Gespött der Leute? Und Maria – ist sie ihm das wert? Und überhaupt dieser Traum? Was soll das alles? Tausende Gedanken rasen durch

seinen Kopf. Und doch – er liebt Maria. Er will sie nicht verlassen, er darf sie nicht im Stich lassen. Was hat er da gehört? »... denn das Kind, das sie erwartet, ist vom Heiligen Geist. Sie wird einen Sohn gebären, ihm sollst du den Namen Jesus geben; denn er wird sein Volk von seinen Sünden erlösen ...«
Kein eigenes Kind? Nein! Seltsam! Hier bekommt er den Auftrag, an Vater statt für dieses Kind zu sorgen. Darauf soll er sich verlassen, einlassen, »Ja« sagen. Das geht nicht so einfach, so schnell! Aber schließlich lässt sich Josef darauf ein, beißt sich durch, rafft sich auf. Er will zu Maria und diesem Kind stehen. Mag kommen, was will, mit Gottes Hilfe wird er das Schicksal meistern. Josef sagt »Ja«, wie Maria ja gesagt hat. So wird er zum Segen für dieses Kind, zum Segen für seine Frau und auch zum Segen für uns. Was wäre passiert, wenn sich dieser junge Mann anders entschieden hätte, wenn er »Nein« gesagt hätte?

Fürbitten

Gott, der hl. Josef wird gerecht genannt, weil er sich ganz nach deinem Willen ausgerichtet hat.
Er schaffte es, dir ganz zu vertrauen. Weil wir es auch gerne täten, es aber oft nicht schaffen, kommen wir zu dir und bitten dich:

- Josef wagte den Sprung ins kalte Wasser: Ganz vertraute er sich deiner Führung an.
  Schenke unserer Kirche dieses absolute Vertrauen auf deine Führung in eine sichere Zukunft.
- Josef liebte Maria und schenkte ihr sein vollstes Vertrauen.
  Schenke den Verliebten, den Verlobten und Ehepaaren das Vertrauen in die Verlässlichkeit des anderen, damit sie ihre gemeinsame Zukunft mit deiner Hilfe gestalten können.

- Josef nahm deinen Sohn an Vater statt an.
  Schenke allen Waisenkindern Geborgenheit und Liebe und gib den adoptierten Kindern Vertrauen und Zuversicht für ihr Leben.
- Josef war ein Mann der wenigen Worte, aber der vielen Taten.
  Schenke auch uns die Aufmerksamkeit, dein Wort in unserem Alltag bei allem Lärm zu hören und es in die Tat umzusetzen.

Gott, du hast Jesus, deinen Sohn, dem hl. Josef als Vater anvertraut. Du hast ihm ganz vertraut. Auch uns schenkst du dieses Vertrauen und nimmst uns als deine Kinder an. Dafür danken wir dir jetzt in dieser Stunde und für unser ganzes Leben. Amen.

Lied zur Gabenbereitung

Was Gott tut, das ist wohlgetan, 1–4 (GL 294)

Friedensgruß

Innerlich seinen Frieden gefunden zu haben,
zu wissen, worauf es ankommt, sich bejaht und beschenkt zu fühlen
und dankbar zu sein:
Das ist die beste Voraussetzung, den Sinn seines Lebens zu finden,
das ist die beste Voraussetzung, um offen zu sein für Gott,
der diesen Frieden uns und aller Welt schenken will.
Der Friede ...

Lied nach der Kommunion

Den Herren will ich loben, 1–3 (GL 261)

Meditation

Stille Wasser gründen tief!
Also still werden und eintauchen in die Tiefe seiner Seele
Still werden und spüren, es trägt – das Wasser
das Grundwasser des Vertrauens
Still werden und sich innerlich von Herzen freuen
den Grund des Lebens gefunden zu haben

– Stille –

Gebet

Gott, ein wenig konnten wir erahnen, warum du dem hl. Josef Maria und deinen Sohn anvertraut hast. Dafür danken wir dir.
Mach uns bereit, dass auch wir aufrichtig deinen Willen erfüllen im Alltag unseres Lebens.
So bitten wir dich, der du lebst und wirkst in Ewigkeit. Amen.

ZIVILCOURAGE IST GEFRAGT – HL. GEORG
Eucharistiefeier am 23. April

Eingangslied
Zieh an die Macht, du Arm des Herrn, 1–3 (GL 304)

Einführung
Draußen über unserem Kirchenportal (St. Georg in Stuttgart/Mitte, Heilbronnerstraaße) ist ein mächtiges Steinrelief aus Muschelkalk: St. Georg und der Drachen.
Der Drache ist bereits getötet, St. Georg sitzt im Gebet versunken auf seinem Ross, gestützt auf sein Schwert. Gewiss eine ungewöhnliche Darstellung des Drachentöters, die es sonst nirgendwo in der Kunstgeschichte gibt. Ob dieses gewaltige Steinmonument wirklich Kunst ist, das sei dahingestellt und den Fachleuten überlassen. In der Art der Darstellung aber erinnert dieses Steinrelief schon stark an die Nazikunst, wie sie dann Jahre später an den Reichsgebäuden in Nürnberg und München zu finden ist.
Wohl deshalb hat Adolf Hitler – fasziniert von dieser Darstellung – seinen Autotross vor der Kirche anhalten lassen, als er seine erste und einzige Rede in Stuttgart hielt. So macht der betende »Drachentöter« Georg eine ganz tiefe Deutung möglich: Ins Gebet versunken ist sich der hl. Georg bewusst, dass immer wieder andere Ungeheuer emporsteigen, die den Menschen Angst machen und Vernichtung bringen. Es wird heute beim Fest unseres Kirchenpatrons viel die Rede sein vom Rückblick und Ausblick. Der Rückblick tut Not; es ist dies bis auf den heutigen Tag eine lebensvernichtende und mörderische Ge-

schichte. Es ist deshalb viel gewonnen, wenn wir uns heute unter den Schutz des hl. Georg stellen, der auf der Seite des Lebens stand, weil er dem Gott des Lebens diente.

Kyrie-Rufe

Es ist uns unangenehm, vom Bösen und von Schuld zu reden. Wir wollen es nicht wahrhaben, dass lebensfeindliche Mächte uns umgeben und bedrohen.
Deshalb bitten wir dich: Herr, erbarme dich ...

Weil wir den Kopf vor dem Bösen resignierend in den Sand stecken, weil wir sagen »Was soll's?« und so dem Bösen seinen Lauf lassen, ohne etwas dagegen zu tun, werden wir mitschuldig.
Deshalb bitten wir dich: Herr, erbarme dich ...

Wir haben oft zu wenig Mut und Zivilcourage, uns eindeutig zu dir zu bekennen und einzutreten für Recht und Gerechtigkeit, für Frieden und soziale Ordnung.
Deshalb bitten wir dich: Herr, erbarme dich ...

Vergebungsbitte

Gott steht auf unserer Seite, wenn wir uns für Gerechtigkeit, Liebe und Versöhnung einsetzen. Er hat Erbarmen mit uns, wenn wir feige und mutlos sind. Er schenkt uns immer wieder sein verzeihendes Wort, damit wir gegenseitig um Verzeihung bitten und sie uns gewähren können. Er erbarme sich unser und führe uns in das ewige Leben mit ihm. Amen.

Gebet

Gott, schenke uns auf die Fürsprache des hl. Georg Zivilcourage und innere Freiheit, gegen die dämonischen Kräfte unserer Zeit anzukämpfen.

Schenke uns aber auch die Einsicht, dass auch wir selbst oft innerlich von diesem bösen Zeitgeist beherrscht werden und aus Bequemlichkeit ihm nachgeben und unterliegen. Hilf du uns und befreie uns von diesen zerstörerischen Kräften durch Christus, unseren Herrn und Bruder. Amen.

Lesung

Jak 1,2–4.12

Lied

Entdeck bei dir (Troubadour 720)

Evangelium

Lk 9,23–36

Predigt

Kinder werden nicht erst heute auf dem Altar der vermeintlichen Wirtschaftlichkeit geopfert; Kinderopfer sind ein altes Phänomen in vielen Kulturen und zu allen Zeiten, und klein war die Zahl derer, die dagegen ankämpften.

In der Legende um den hl. Georg steht die Königstochter als Symbol für die kommende Generation. Der Kampf um sie gegen den Drachen ist der Einsatz für die Kinder und Jugendlichen, für ihre Zukunft und damit für die Zukunft der gesamten Gesellschaft. Doch die Bewohner der Stadt sind bereit, ihre Kinder zu opfern. Die Bewohner von Silenas als Opfer ihrer eigenen Angst retten nur kurzzeitig ihre eigene Haut und setzen billig ihre Zukunft aufs Spiel. Wie aktuell ist diese Legende!

Der hl. Georg wendet allen Mut und Glauben auf, um die Königstochter zu retten. Sein Glaube ist es, der seinen Mut herausfordert, und sein Mut ist es, der den Drachen bezwingt. Sein Glaube ist es, der ihm den Blick dafür schärft, zu sehen, wo die »Kleinen und Schwachen« sind, auf deren Seite er sich für die »gerechte Sache« stellt.

Der hl. Georg heute hat nicht so sehr mit Legenden und Geschichten zu tun, sondern mit uns, mit unserem Selbstverständnis als christliche Gemeinde N.N.

Haben wir es uns auf die Fahne geschrieben, wie dieser Georg zu sein, mutig einzutreten für das Evangelium Jesu Christi, den Kindern und Jugendlichen Heimat und Geborgenheit zu geben?

Dazu braucht es heute nicht nur eine »ritterliche« edle Haltung, sondern auch einen kämpferischen Geist und Durchhaltevermögen.

Es braucht die Leidenschaft für Kinder und Jugendliche, für ihre Welt und ihre Zukunft, es braucht Zeit und Mut, die auch bei uns in erster Linie aus unserem Glauben kommen.

Die Legende ist für mich nach vielen Überlegungen keine alte, verstaubte Heiligengeschichte, sondern eine provokative Herausforderung zum Handeln hier und heute.

Der verstorbene Bischof Georg Moser schrieb bereits in seinem Hirtenwort 1986: »Es hilft wenig, die dunklen Kräfte der Welt zu beklagen, vielmehr müssen wir die in dieser Situation enthaltene Herausforderung annehmen.«

Und Werner Heisenberg, der deutsche Atomphysiker, wird in diesem Hirtenwort mit der Aussage zitiert: »Wenn man in dieser westlichen Welt fragt, was gut und was schlecht, was erstrebenswert und was zu verdammen ist, so findet man doch immer wieder den Wertmaßstab des Christlichen auch dort, wo man mit den Bildern und Gleichnissen dieser Religion längst nichts mehr anfangen kann. Wenn einmal die magnetische Kraft ganz erloschen ist, die diesen Kompass gelenkt hat, so fürchte ich, dass hier schreckliche Dinge passieren können, die über die Konzentrationslager und die Atombomben noch hinausgehen.«

Mag manchen von uns dieser Satz auch erschrecken und Angst machen: die magnetische Kraft, das ist unser Glaube an Jesus Christus. Er ist die Kompassnadel, nach der wir unser Leben auszurichten haben. Ihm dürfen wir vertrauen, auf ihn uns einlassen. Dann werden wir uns trotz mancher Angst und manchem Zweifel wie der hl. Georg einsetzen für die Belange unserer Mitmenschen, dann werden Kinder und Jugendliche sich bei uns geborgen und sicher fühlen, dann werden wir uns solidarisieren mit allen Menschen guten Willens.

Fürbitten

1: Zu sagen, man müsste was sagen, ist gut,
man müsste
man müsste was sagen.
Abwägen ist gut, es wagen ist besser,
doch wer macht den Mund denn schon auf?

2: Herr, gib uns die Kraft dazu.

Alle: Wir bitten dich, erhöre uns.

1: Zu sagen, man müsste was machen, ist gut,
man müsste
man müsste was machen.
Gerührt sein ist gut, sich rühren ist besser,
doch wo ist die Hand, die was tut?

2: Herr, gib uns die Kraft dazu.

Alle: Wir bitten dich, erhöre uns.

1: Zu sagen, man müsste was geben, ist gut,
man müsste
man müsste was geben.
Begabt sein ist gut, doch geben ist besser,
doch wo gibt es den, der was gibt?
2: Herr, gib uns die Kraft dazu.
Alle: Wir bitten dich, erhöre uns.
1: Zu sagen, man müsste was ändern, ist gut,
man müsste
man müsste was ändern.
Sich ärgern ist gut, verändern ist besser,
doch wer fängt bei sich damit an?
2: Herr, gib uns die Kraft dazu.
Alle: Wir bitten dich, erhöre uns.

Lothar Zenetti

Lied

Lass uns in deinem Namen, Herr (Troubadour 734)

Friedensgruß

Bewahre uns, Herr, vor der Versuchung,
vor den heutigen Drachen zu kapitulieren,
vor den Vorurteilen, vor Habsucht und Gewalt,
vor Gleichgültigkeit, Müdigkeit und Resignation.
Mach uns stark im Glauben,
damit wir das Böse überwinden
und so dem Frieden dienen können,
jenem Frieden, den Jesus uns gebracht hat
und den wir jetzt einander wünschen: ...

Lied nach der Kommunion

Hilf, Herr meines Lebens (Troubadour 174)

Gebet

Wir glauben daran, dass du unser Gott bist,
und wir leiden darunter, dass die selbst gemachten Götter dieser Zeit
die Menschen unterwerfen und entwürdigen.
Wir bitten dich um deinen Geist,
damit wir wie der hl. Georg Widerstand leisten
allem, was uns von dir und voneinander trennt.
Darum bitten wir durch Christus, unseren Herrn. Amen.

Schlusslied

Ich will gegen das Geläut (Troubadour 810)

Manche Anregungen habe ich erhalten und weitere Tipps finden Sie in: Der Hl. Georg – Werkbuch v. G. Dieterich – N. Franken – M. Pfrang – H. Röser, Verlag Georgs, Neuss 1997.

SEGENSGOTTESDIENSTE IM FRÜHLING

BORN TO BE FREE
Ökumenischer Segensgottesdienst für Motorradfahrer

Vorbereitung:

»Born to be free« (Steppenwolf) auf CD
»Summer in the City« (Lovin Spoonful) auf CD
und CD- Player mit Lautsprechern
Werkzeug und Motorrad für das Anspiel
Lieder und Lesungstext
Zwei Spieler, Lektor/in, zwei Sprecher/innen
Motorradhelm
Luftballons und Gasflasche, Zettel und Stifte in ausreichender Zahl
Handzettel und Plakate für Werbung
Artikel zur Bekanntmachung im Gemeindebrief, in örtlichen Zeitungen und Motorrad-Zeitschriften

Einstimmung

CD: Steppenwolf – »Born to be free«

Anspiel

1: *(kniet beim Motorrad und baut den Hinterreifen aus)*
2: *(kommt mit abgesetztem Helm und im Lederanzug dazu)*
Grüß dich! Was machst du denn da?
1: Tja, Platten!
2: … ohne Luft geht nichts! Und jetzt muss man raus!

1: Natürlich, jetzt oder nie, bei diesem Wetter! Es gibt nichts Schöneres als den Wind um die Ohren und die Sonne im Gesicht zu spüren.

2: Ja, ohne das könnte ich gar nicht mehr leben.

1: So ist es auch mit der Liebe!

2: Wie kommst du denn jetzt darauf?

1: Na ja, ohne die Luft, ohne die Sonne und ohne die Liebe ... *(schmunzelt vieldeutig!)*

2: Hör mal, hast du 'ne neue Flamme?

1: Nein! Ich habe aber neulich in der Bibel gelesen, da hat es so oder so ähnlich geheißen. Ich glaube, es war in 1 Kor 13,1–10.

Lesung

1 Kor 13,1–10 (Das Größte ist die Liebe)

Kurze Deutung

Liebe ist Respekt gegenüber dem anderen, gegenüber dem anderen Verkehrsteilnehmer.
Liebe ist Rücksichtnahme auch gegenüber den Fußgängern.
Liebe ist Verantwortungsgefühl gegenüber den Lieben zu Hause, Frau, Kindern, Eltern.
Liebe ereifert sich nicht, weiß sich selbst recht gut einzuschätzen.
Liebe hat nicht Freude am Unrecht, nimmt nicht anderen die Vorfahrt, verhält sich partnerschaftlich und sagt nicht nur »ich, ich«.
Liebe ist frei sein von Überheblichkeit und Rausch.

Lied

Gottes Liebe ist wie die Sonne (Troubadour 5)

Psalm des Motorradfahrers

Ich will dich loben, Herr,
du Gott des Himmels und der Erde,
der du die Welt geschaffen hast.

Ich will dich loben, Herr,
der du die Berge und die Seen,
die Wiesen und Wälder meinem Auge zeigst.

Ich will dich loben, Herr,
der du die Straßen vor mir ausbreitest,
die Straßen mit dem glatten Asphalt.
Herr, wenn ich den Fahrtwind im Gesicht verspüre,
fühle ich deine erfrischende Gunst.
Wenn ich die Bäume und Felder
an mir vorüberrauschen sehe,
so freue ich mich des Lebens.

Ich will dich loben, Herr,
wenn ich fast wie berauscht
Wind, Regen, Hitze und Kälte spüre,
so ganz intensiv!
Mit großer Freude brause ich dahin,
Herr, es ist eine Lust zu leben.

Ich will dich loben, Herr,
bewahre mich vor Übermut.
Behüte mich vor Unfall und Gefahr,
und lass mich Rücksicht nehmen auf die anderen,
auf die, die mit mir unterwegs sind auf der Straße des Lebens.

Ich will dich loben, Herr,
gemeinsam mit den anderen,
denn es ist einfach eine Wucht,
den frischen Fahrtwind zu atmen –
die Freiheit, das Glück und auch die Liebe.

Herr, dich will ich loben,
solange ich bin, solange ich lebe!

Freies Fürbittgebet

(Zettel und Stifte austeilen; frei formulierte Gebete der Teilnehmer/innen mit bereits aufgepumpten Luftballons in die Luft steigen lassen – leise Hintergrundmusik)

Als Beispiel zwei Fürbitten, die später gefunden wurden:

- Ich bitte für alle Verkehrsopfer, die keine Genesung mehr erfahren können, und all ihre Angehörigen, dass sie den Lebensmut nicht verlieren und trotzdem einen Sinn in ihrem Schicksal entdecken.
- Herr, hilf allen Verkehrsteilnehmern, sich und ihre fahrbaren Untersätze nicht zu überschätzen.

Kollekte

in einem Motorradhelm für einen mit dem Motorrad verunglückten Kameraden.

»Unser Vater« der Verkehrsteilnehmer – Meditation

Vater unser:	Vater der Fußgänger, der Autofahrer, der Motorradfahrer und Fahrradfahrer *– kurze Pause –*
Geheiligt werde dein Name:	Du nur bist heilig, nicht unser »heilig's Blechle«; der Mensch, dein Ebenbild, ist uns heilig und nicht das Motorrad und die vergötzte Freiheit unseres eigenen Ichs. *– kurze Pause –*
Dein Reich komme:	Wenn Rücksicht, Fairness und auch Toleranz auf den Straßen herrschen, wenn nicht die Macht der stärkeren PS den Schwächeren tyrannisiert, wenn auch die Kinder und Alten das Recht bekommen und wahre Menschlichkeit den Verkehr auf den Straßen reguliert. *– kurze Pause –*
Dein Wille geschehe, wie im Himmel so auf Erden:	Dein Wille ist es, dass wir uns gegenseitig gelten lassen, uns freuen an der Schönheit dieser Welt und wir auch anderen dies nicht vorenthalten, sondern helfen, dass auch sie sie sehen können. *– kurze Pause –*
Unser tägliches Brot gib uns heute	Neben guten Freunden, Menschen, die uns lieben, gib jedem von uns einen sicheren Arbeitsplatz, schenk uns genügend Freizeit für uns und unsere Familien, und lass uns dankbar das Leben genießen, den Wind und auch den Regen, die Sonne und das Hochgefühl: Das Leben ist wunderbar.

– kurze Pause –

und vergib uns unsere Schuld, wie auch wir vergeben unsern Schuldigern:

Vergib uns, wenn wir anderen die Vorfahrt nehmen, wenn wir rücksichtslos sind und leichtsinnig unser Leben
und das Leben anderer gefährden.

– kurze Pause –

Und führe uns nicht in Versuchung,

Gegenüber den anderen aufzutrumpfen, mit mehr PS als der andere, angeben zu müssen, im Rausch des Hochgefühls leichtsinnig zu überholen,

– kurze Pause –

sondern erlöse uns von dem Bösen.

nur noch an uns selbst zu denken, egoistisch auf unsere Freizeit, unser Geld, unser Leben zu pochen, verantwortungslos zu sein im Straßenverkehr und in menschlichen Beziehungen, das Motorrad wichtiger zu nehmen als den Menschen.

– kurze Pause –

Denn dein ist das Reich und die Kraft und die Herrlichkeit.

Lass uns nie vergessen, dass du es bist,
der uns das alles gegeben hat, das Leben, den Wohlstand, diese schöne Welt, die wunderschönen Landschaften und verschiedenen Länder, dass wir gesund sind und uns bisher nichts passiert ist.
Lass uns das nie vergessen, dass wir alles dir verdanken. Deshalb wollen wir gemeinsam beten, wie Jesus uns zu beten gelehrt hat:
Vater unser ...

Segenswunsch

Gott, dessen Name ist »Ich bin bei euch«,
er sei bei euch, auf der Straße, am Arbeitsplatz und auch zu Hause.
Er schütze euch vor Übermut und überhöhtem Risiko,
wenn ihr den Rausch und auch das Glück genießt.
Er zeige euch die Schönheit seiner Schöpfung.
So wird auch euer Herz sich weiten
und Dank sagen lassen dem Schöpfer dieser Welt.
Er schenke euch nur wahre Freunde,
die euch begleiten auf den Straßen dieser Welt.
Das gebe euch Gott, der Freund des Lebens,
der Vater, Sohn und Heilige Geist.
Er gebe euch den wahren Frieden
und segne euch und eure Lieben.
Amen.

Abschluss / Einladung

Einladung zum Bleiben, zum Austausch, zum Essen und Trinken.
(Keine alkoholischen Getränke)

CD: Lovin Spoonful – Summer in the City

DU MACHST MICH VERRÜCKT!
Segensgottesdienst für Liebende

Vorbemerkung

Auf Fragen von Gemeindemitgliedern oder Presseleuten, was wir tun würden, wenn wiederverheiratete Geschiedene, Schwule und Lesben kämen, hätten wir im Sinne der Schriftleitung von »Gottesdienst« 8,37 (17.04.03) geantwortet. Für Interessierte hier die Antwort der Schriftleitung vom Liturgischen Institut Trier (S. 61):

»Soweit der Redaktion bekannt ist, werden bei solchen Gottesdiensten im Zuge der Einladung keine Einschränkungen gemacht. Im Gespräch der hier angeschnittenen Frage wurden dazu Überlegungen genannt wie: ›Segen‹, ›Segnung‹ ist grundsätzlich so offen, dass davon niemand ausgeschlossen werden kann, der darum bittet. Wenn – etwa am Ende eines Gottesdienstes – allgemein ein Segen erteilt wird, wird niemand ausgeschlossen, und es wird von niemandem eine konkrete Vorbedingung verlangt. Auch der Papst segnet ›urbi et orbi‹, ohne zu sagen, dass bestimmte Menschen von diesem Segen ausgeschlossen seien.

- Eine allgemeine Segnung dieser Art unterscheidet sich deutlich von einer eigenen Feier etwa zur Segnung eines standesamtlich getrauten Paares, das nicht kirchlich heiraten kann. Eine solche Feier kann als Trauungsersatz missverstanden werden und ist darum anders zu beurteilen.
- Die Disposition zum Empfang eines Segens ist eine Sache des Gewissens und des forum internum, über die in keinem öffentlichen Vollzug geurteilt werden kann.«

Und noch eine Anmerkung: Text, Gesang und Musik sollten möglichst von Profis gesprochen, gesungen und auf alten Instumenten gespielt werden.

Konrad von Altstetten,
Manesse-Handschrift,
Anfang 14. Jahrhundert

Zu Beginn

Pavan v. Matthew Locke (1621–1677)

Begrüßung und Einführung in das Buch
»Das Hohelied der Liebe« (Hld)

Seien Sie alle herzlich willkommen!

Wohl über kein Buch ist im christlichen Mittelalter so viel meditiert, komponiert und geschrieben worden wie über diese Schrift mit ihren acht Kapiteln. Sie wird dem König Salomo zugeschrieben, der als begnadeter Liederdichter galt. Die reich differenzierte Sprache des Lie-

des, seine Nähe zu den altägyptischen Liebesliedern und altorientalischen Motiven, der vertraute Gebrauch von Luxusartikeln und die selbstverständliche Freizügigkeit, individuelle erotische und sexuelle Gefühle zu artikulieren, weisen auf die Zeit zwischen dem 8. und 6. Jh. v.Chr. als Entstehungszeit hin.
Die jüdisch-rabbinische Überlieferung verstand dieses Bild als Liebeslied im wörtlichen Sinn zwischen Mann und Frau. Doch mit der Zeit wurde diese Liebe zwischen Mann und Frau auf die Beziehung Jahwes zu seiner Braut Israel verlagert. So wurde dieses Liebeslied auch zur »Hl. Schrift« gezählt. Die christlichen Theologen übernahmen dieses Verständnis und bezogen es dann auf Christus und seine Kirche. Aber Origines (180–250 n.Chr.) spürt noch die lustvolle Aussagewirkung dieses »Hohen Liedes«, so dass er sehr eindringlich mahnt, das Buch nur solchen zum Lesen zu geben, die für die Verlockungen der körperlichen Liebe taub seien. Ich hoffe, Sie sind es nicht.
Hören Sie nun selbst und erfreuen Sie sich an dieser wunderschönen Literatur aus der Hl. Schrift.
Öffnen Sie Ihr Ohr und noch viel mehr Ihr Herz für das »Hohelied der Liebe«:

»Hoheslied der Liebe« / Freund

Schön bist du meine Freundin, ja, du bist schön.
Hinter dem Schleier deine Augen wie Tauben.
Dein Haar gleicht einer Herde von Ziegen,
die herabzieht von Gileads Bergen.
Deine Zähne sind wie eine Herde zur Schur bereiter Schafe,
die aus der Schwemme heraufsteigen.
Jeder Zahn hat sein Gegenstück,
keinem fehlt es.

Wie eine rote Kordel: deine Lippen
und dein Mund: hinreißend.
Wie der Riss des Granatapfels ist dein
Gaumen durch den Schleier hindurch.
Wie der Turm David ist dein Hals –
aufgebaut in Schichten.
Tausend Schilde hängen daran –
lauter Waffen von Helden.
Deine Brüste sind wie zwei Kitzlein,
wie Zwillinge einer Gazelle,
die in Lotusblumen weiden.
Wenn der Tag verweht und die Schatten wachsen,
will ich zum Myrrhenberg gehen, zum Weihrauchhügel.
Alles an dir ist schön, meine Freundin,
und kein Makel haftet an dir.
(Hld 4,1–7)

»Nachdem ich lag in meinem öden Bette«
v. Heinrich Schütz (1585–1672)

Text aus dem »Hohenlied« / Freundin
(Hld 2,8–14)
»O quam tu pulchra es« von Alessandro Graundi (1575–1630)

»Hohelied der Liebe« / Freund
(Hld 4,8–16)
Pavan: »Belle, qui tiens ma vie«
von Toinot Arbeau (1519–1595)

»Hohelied der Liebe« / Freund

Du machst mich verrückt, meine Schwester Braut,
du machst mich verrückt.
Mit einem einzigen Blick deiner Augen ...
Wie viel süßer ist deine Liebe als Wein,
der Duft deiner Salben köstlicher als alle Balsamdüfte.
Von deinen Lippen, Braut, tropft Honig.
Milch und Honig ist unter deiner Zunge.
Der Duft deiner Kleidung ist wie des Libanons Duft.
(Hld 4,9–11)

»Hohelied der Liebe« / Freundin

(Hld 3,1–5)
»Tant que vivray« von Claudin de Sermisy (1490–1562)

»Hohelied der Liebe« / Freund und Freundin gemeinsam

Leg mich wie ein Siegel auf dein Herz,
wie einen Ring an deinen Arm!
Denn stark wie der Tod ist die Liebe,
die Leidenschaft hart wie die Unterwelt.
Ihre Gluten sind Feuergluten, lodernde Blitze.
Große Wasser können die Liebe nicht löschen
und Ströme spülen sie nicht hinweg.
Böte jemand seines Hauses ganzen Besitz für die Liebe,
man würde ihn völlig verachten.
(Hld 8,6–7)

– Stille –

Wie schon in der Einführung erwähnt, diente das Hohelied auch als Umschreibung für die Liebe Gottes zu seinem Volk. Propheten wie Hosea, Jesaja, Jeremia und Ezechiel haben den Bund zwischen Gott und seinem Volk mit dem Bild der bräutlichen Liebe dargestellt: Pierre Stutz hat in einem Gebet diese zärtliche Liebe Gottes zu uns Menschen ausgedrückt.

Zärtlichkeit
bist du Gott
Quelle aller Sinnlichkeit
erfahrbar in der erotischen Leidenschaft
im lustvollen Genießen unseres Leibseins
im verantwortungsvollen Gestalten unserer Sexualität

Leidenschaft
bist du Gott
Quelle aller Zuwendung
Spürbar in unserer sexuellen Lebenskraft
die Menschen zusammenführt
die Ekstase ermöglicht
die Einfühlsamkeit bewirkt

Du zärtlicher und leidenschaftlicher Gott
ereigne dich immer neu
im liebend-erotischen Spiel unseres Zusammenseins
im Mitgestalten an einer zärtlicheren Welt
wo Menschen einander zutiefst wohlgesinnt sind.

Pierre Stutz

– Stille –

»Du zärtlicher und leidenschaftlicher Gott ereigne dich immer neu.« Segen ist nichts anderes, als die zärtliche und leidenschaftliche Zusage Gottes: Ich liebe dich, ich will bei dir sein.«
Hier ereignet sich seine Zusage immer wieder neu.
Welches Paar also diese liebende Zusage Gottes für sich zugesprochen haben will, das lade ich ein, hier nach vorne zu kommen und seine Liebe unter den Segen Gottes zu stellen.

Persönlicher Segenszuspruch

(mit Handauflegung)
Gott, der die Liebe ist,
er segne euch
und bestärke euch in seiner und eurer Liebe:
der Vater, der Sohn, und der Heilige Geist.

Einladung

zum Gespräch bei einem Glas Sekt.

ANHANG

	Niveaumilieu	**Harmoniemilieu**
Alter	über 40 Jahre	deutlich über 40 Jahre
Bildung	hoch, Hochschulstudium	niedrig, Volksschule
Ich–Welt–Bezug	WELT	WELT
Abgrenzung von	Handarbeiten, Auto pflegen, Bildzeitung, Trivialromane Diskobesuch	Suche nach Abwechslung, anspruchsvolle Lektüre, Pop Selbsterfahrung
Musikalische Vorlieben	Klassik, gehobene Jazz- und E-Musik, Oper	Volksmusik deutsche Schlager
Äußere Erkennungs-Merkmale	Elegant und »konservativ« gekleidet, qualitätsbewusst	Grau, oliv, beige Kleidung unauffällig
Wo treffen wir	Theater, Museum, Hochkulturszene	Volkstheater, beim Fernsehen, Aldi, C & A, zuhause
Religiöse Ansprechbarkeit	»Mozartmesse«, Kirchenmusikalisches Konzert	Klassischer Gottesdienst keine Übernahme von liturgischen Diensten
Erlebnisparadigma	Nobelpreisverleihung	(Traum-)Hochzeit

ntegrationsmilieu	Selbstverwirklichungs-milieu	Unterhaltungsmilieu
ber 40 Jahre	unter 40 Jahre	unter 40 Jahre
ittlere Bildung, ealschule, evtl. Abitur, d.R. kein Studium	hoch, Hochschulstudium	niedrig, Volksschule, Realschule
ELT	ICH	ICH
op, Rock, neipenszene, Action, iskos, Nachtlokale	Talkshows, Naturfilme, Heimatfilme, Volksmusik Blasmusik, Goldenes Blatt	Polit. Diskussion, Oper, Ausstellungen, gehobene Literatur
eichte Unterhaltungsmusik perette, gelegentlich Oper, lassik	Rock, Pop, Folk, Hochkulturszene	Rock, Pop, Folk, dt. Schlager, leichte Unterhaltungsmusik
onservativ-gediegen ekleidet, ittelklassewagen	Alternative, sportliche Kleidung, oft aus Boutiquen Rucksack-Touristen	Motorrad, getuntes Auto, Tätowierung, sportliche, oft billige Kleidung, Dialekt
achbarschaft, bürger-ches Restaurant, ino, Verein	Bistro, beim »Griechen« Kneipenszene, Neue Kulturszene, Jazzfestival	Spielhallen, Fitnessstudio Sportszene, Diskos
ragende Säulen der farrgemeinden (PGR, it. Dienste usw.) Eher lassische Gottesdienste, elegentlich etwas Neues	Meditatives, Tanz-GD Kloster auf Zeit, »Frauenliturgie«, »Bibliodrama«	Religiös schwer ansprechbar, doch für klassische Riten (Taufe, Hochzeit ...) offen, Motorradwallfahrt
ette Runde	Künstler	Miami Beach

BIBELSTELLENREGISTER

ABKÜRZUNGEN

A	Alle
GL	Gotteslob. Katholisches Gebet- und Gesangbuch Es werden jeweils die Liednummern angegeben.
Troubadour	Berward Hoffmann: Troubadour für Gott. Neue geistliche Lieder, 6. erw. Auflage 1999, hg. v. Kolping-Bildungswerk, Diözesanverband Würzburg e.V., Sedanstr. 25, 97082 Würzburg Es werden jeweils die Liednummern angegeben.
K	Kantor/Kantorin
L	Lektor / Lektorin
Z	Zelebrant/Zelebrantin

QUELLENVERZEICHNIS

S. 16	Martin Buber, »Rabbi Jizclak sprach: ...« aus: Martin Buber, Die Erzählung des Chassidim. © Manesse Verlag, Zürich 1949
S. 23f	Josef Griesbeck, Herr, du hast dich ... © Josef Griesbeck, Altötting
S. 31	Lothar Zenetti, Verheißung aus: Lothar Zenetti, Auf Seiner Spur. Texte der Zuversicht © Matthias-Grünewald-Verlag, Mainz ³2002
S. 33ff	Josef Heer, Gott vertrauen aus: Bibel heute 1995/121 © Katholisches Bibelwerk, Stuttgart e. V
S. 37f	Dietrich Bonhoeffer, »Ich glaube ...« Aus: Dietrich Bonhoeffer, Widerstand und Ergebung, © Chr. Kaiser / Gütersloher Verlagshaus GmbH, Gütersloh
S. 54f	Rudolf Otto Wiemer, Lob der kleinen Schritte (Ausschnitt) Friedrich Reinhardt Verlag, Basel 1981
S. 133f	Lothar Zenetti, Zu sagen, man müsste ... aus: Lothar Zenetti, Texte der Zuversicht © Lothar Zenetti, Frankfurt / Main
S. 150	Pierre Stutz, Zärtlichkeit ... aus: Pierre Stutz, Alltagsrituale, S. 132 © Kösel-Verlag, München 1998
S. 154f	Gottesdienst feiern im Kontext der Moderne © Wolfgang Fischer, Bischöfliches Ordinariat Mainz, Liturgiereferat

SPIRITUELLE IMPULSE FÜR DIE FASTEN- UND OSTERZEIT

Andrea Schwarz **Unterwegs mit einem Engel**

Mit dem Buch Tobit durch die Fastenzeit bis Ostern

160 Seiten, gebunden – ISBN 3-451-28380-8

Andrea Schwarz stellt eine neue Form des Fastenbegleiters vor: Von Aschermittwoch bis Ostermontag führt sie Tag für Tag durch die wundersame Geschichte des biblischen Buches Tobit. Dabei gewinnt sie aus den Jahrtausende alten Texten überraschende aktuelle Impulse für ein geistliches Leben heute. Ihr Buch lädt ein, den Weg des Tobias mit dem Engel Rafael mitzugehen: Er führt zu einer tiefen persönlichen Reife und zur Erfahrung des österlichen Lebens.

Ostern mit Phil Bosmans

Ein Begleiter durch die Fasten- und Osterzeit

96 Seiten, durchgehend farbig bebildert, gebunden – ISBN 3-451-27475-2

Phil Bosmans deutet in diesem sorgfältig ausgestatteten Buch auf deine charakteristische Art die österlichen Zeiten und Feste aus. Für Sonntage und die Woche der Fastenzeit, für die Kartage und für die Tage des Osterfestes bis hin zu Pfingsten enthält das Buch Texte, die aus der Begleitung von Menschen entstanden sind.

Henri J.M. Nouwen **Zeig mir den Weg**

Meditationen für alle Tage von Aschermittwoch bis Ostern

Neuausgabe – *144 Seiten, gebunden – ISBN 3-451-27740-9*

Die Meditationen des bekannten spirituellen Meisters führen an die Grundmauern des Lebens, in einer Sprache, die aus dem Herzen kommt und den Glauben lebendig macht

Erhältlich in jeder Buchhandlung

HERDER